Contents

裁判員となった国民一人ひとりが生の裁判を見るチャンス　毛利甚八　2

Step.1 裁判員をたのしむためのウォーミングアップ（その1）
裁判傍聴にいってみよう　8

Step.2 裁判員をたのしむためのウォーミングアップ（その2）
小説・マンガ・映画・ゲームソフトから学んでみよう！　12

Step.3 裁判員をたのしむための最低限の予備知識（その1）
裁判員裁判の登場人物　30

Step.4 裁判員をたのしむための最低限の予備知識（その2）
刑事裁判の全体像を知ろう　40

Step.5 裁判員をたのしむための最低限の予備知識（その3）
検察官、弁護人の事前準備を知ろう　46

Step.6 裁判員をたのしむための最低限の予備知識（その4）
よい評議・わるい評議を知ろう　54

Step.7 裁判員をたのしむための最低限の予備知識（その5）
裁判官の決めぜりふに負けるな　62

Step.8 あなたにもできる
裁判員をたのしむための7つのヒント　66

特別インタビュー 裁判官とはどんな人？――安原浩元裁判官に聞く　70

コラム
裁判員裁判面白グッズ「裁判員制度プラ」と「裁判員すし」　7
裁判傍聴、ひとりで行くのは不安な人へ　11
裁判所の2つの顔　38
裁判傍聴おすすめ・ガイド本　39
裁判員候補者名簿記載だけでは裁判員にはなれない　45
警察・検察　49
私選と国選　53
裁判官のお言葉集　79

裁判員となった国民一人ひとりが生の裁判を見るチャンス

フリーライター
毛利甚八

今もなお不安の声が……

　裁判員制度が始まるまで半年を切った2009年1月現在、新聞・雑誌・テレビには制度に対する不安の声が今もなお、くすぶっている。

　無理もない。裁判員制度の導入は2001年の司法制度改革審議会の答申が出た時点で決定的だったにもかかわらず、関係各省庁の広報活動は決して十分だと言えなかったし、メディアもまた国民のために裁判員制度を前向きに検証してこなかった。

　裁判所はこれまでの職業裁判官による刑事裁判に問題があったことを認めていないから、国民にはなぜ裁判員制度が必要なのかが伝わっていない。メディアは逮捕時の実名報道など従来の報道スタイルを変えることに心理的抵抗があるために、しぶしぶ裁判員制度が進展する様子を伝えているにすぎず、どこか傍観者のような態度に

見える。
　これほど怠慢に怠慢を重ねた挙句、「裁判員制度は日本人の国民性に合わない」という俗論が支配するとすれば、裁判所とメディアの責任は重い。

生の裁判を見る
　それでも裁判員制度が始まってしまえば、空気は変わるだろう。
　なにより裁判員に選ばれた国民一人ひとりが生の裁判を見るのだ。本物の被告人と顔を合わせ、犯行状況や被告人の生い立ちを詳しく知る。その時、「本気モード」のスイッチがカチリと入る。たとえ裁判は駆け足で過ぎ去るにしても、裁判員として事実認定と量刑判断に加わった事実は、裁判員となった人の心にいつまでも残る。そして「罪と罰のバランス」「犯罪を生みだす社会の構造」「償いや更生の本当の実現」という課題に気がつくだろう。
　裁判官がどんな世界観を持つ人間であるか、訴訟指揮の態度や評議中の対話から明らかになる。これまで外部に漏れ出すことのなかった「国家が裁判を通じて人を裁くこと」の実相が、裁判員の胸に記憶として刻まれる。

確かな裁判のイメージが生まれる
　一回の裁判で、一人の裁判員が知ることのできる範囲は限られているだろうが、裁判員体験を持つ人々が増えるにつれて情報が集積されていく。経験者同士が語り合うなかで、確かな裁判のイメージが生まれ、「それを変えていくために、どんな裁判員であるべきか」という主体的な指針も生まれるだろう。
そのための条件は、
　①裁判員に課せられた守秘義務の範囲を最小限度にとどめるこ

と。
②量刑判断の基礎知識を得るため、裁判員候補が気軽に刑務所・少年院を見学できる制度を創設すること。
③公判前整理手続の透明化。
④公判中または評議中の、裁判員に対する裁判官の説明をつぶさに記録し、公開すること(秘密である必要はまったくないし、記録は他の裁判官の参考になる)。
⑤法教育を小・中・高校を通じて徹底する。
⑥警察・検察を通じて捜査の全面可視化(水かけ論はうんざり)。
⑦警察・検察が持つ証拠の全面開示。
⑧裁判員の求めに応じて⑦が公判中に審理できること。

　以上の努力をしたうえで、裁判員制度が成熟するのは今年生まれた赤ちゃんが成人する20年後が目標ということで、どうだろう。今年、初めて裁判員裁判を経験する左陪席の判事補が、裁判長を務めている頃でもある。

裁判員制度は苦役か兵役か？

　裁判員制度を反対する人々のなかには裁判員に選ばれることを徴兵制度のようにとらえている人もいる。たしかに裁判員に選ばれた人間が、被告人となった人を懲役刑や死刑にする可能性があるのだから、責任は重い。国民と国民が憎しみ合う機会を、裁判員制度が作ってしまうと考えることもできる。だからと言って兵役と同じではないだろう。兵隊は上官の命令に従って人を殺さなければならないが、裁判員は死刑に反対することができる。

　むしろ、検察官や裁判官が、国家の威信を保つために罰を科そうとするその場にあって、死刑や懲役刑がどのような効果を持つのかを根源的に問い直す機会を与えられる。その役目は大きい。

まず発足当初の裁判員の役目は、国民の信頼に足りる運用がされているのかどうかをしっかりと見てくることだろう。現在のところ予想されている裁判員裁判は年間2000件から3000件と言われる。2000件とすると、補充をふくめた裁判員の数は年間1万6000人程度だ。そのうちの100人に1人が、裁判員になったことを契機に裁判を深く考えるようになったとすると年間160人の「裁判を批評的に考える人」が生まれる。20年で3200人になる勘定で、この人たちが勉強や活動を続ければ、裁判官の数に匹敵する裁判通の国民が生まれることになる。

　たとえて言うと映画『それでもボクはやってない』の周防正行監督が3000人もいるようなものではないか。その人々が裁判をみつめていたら、裁判官は緊張するに違いない。そして、裁判官自身が仕事をしやすくなるだろう。

　繰り返して言うが、もし裁判員が法廷でトンチンカンなことばかり言うとすれば、ここ数年の裁判所の広報やメディアの報道が悪かったのであって、「国民性」が問われるとすれば情報と既得権を独占していた彼らに向けられるべきである。

　裁判員は素直な目で裁判を牛耳っている人々をみつめればいい。その体験は大いに語られるべきで、本や映画やマンガになって幅広く表現されればいいのだと思う。

　裁判員はお上と一緒に被告人を罰するために法廷に座るのではない。刑事裁判の古臭い因習を洗い流すために参加するのである。そして、裁判というシステムが誰から見ても透明で誠実なものに変わった時、「罪と罰」という古典的な難問と格闘できる環境が生まれる。その難問はもともと、裁判員になろうとなるまいと、すべての人に投げかけられていたものなのだ。

さて、もし自分が裁判員候補に選ばれたら、私はどうするだろう。
　まず地元の自分が呼び出されるだろう裁判所に傍聴に出かけてみる。裁判所がどんな場所にあり、どんな雰囲気かを知っていれば、呼び出された時の不安はかなり減るからだ。ついでに公判を傍聴してみよう。訪ねた法廷のうち、一番大きくて、裁判官席にいくつもの椅子が用意してあり、大きなモニターが設置されている法廷が、裁判員になった時に自分が働く法廷だ。そこで合議事件を眺めるといいだろう。予約もなにもいらない。午後１時に行けば、１件くらいは見ることができるし、あらかじめ裁判所に電話で確かめればなお確実だ。自分と一緒に働く裁判官かもしれないと思いながら、訴訟指揮の様子を眺めれば、傍聴にも意欲が湧くだろう。呼び出されていやいや行く前に、先手の傍聴で裁判官の品定め。これをお勧めします。

プロフィール

毛利甚八（もうり・じんぱち）

1958年、長崎県佐世保市生まれ。日大芸術学部文芸科卒。作家。大学卒業後から、フリーライターとなり、1987年から9年にわたり漫画『家栽の人』の原作を手がける。1994年より民俗学者・宮本常一の足跡を追うルポルタージュのため、全国の辺境を4年にわたって旅する。2002年より2007年まで『季刊刑事弁護』（現代人文社）誌上で、冤罪事件の起こった現場をルポする「事件の風土記」を連載。2003年より大分県の中津少年学院の篤志面接活動をはじめ、少年たちにウクレレを教えている。

単行本に、『家栽の人』（小学館）などの漫画原作品のほか、ルポルタージュ『宮本常一を歩く』（上下巻, 小学館）、インタビュー集『裁判官のかたち』（現代人文社）、少年院の少年の心に寄り添う法務教官の生活を描いた『少年院のかたち』（現代人文社）がある。

コラム

裁判員制度面白グッズ「裁判員制度ブラ」と「裁判員すし」

　裁判員制度を国民に広く知ってもらおうと、広報用のキャラクターが全国各地でつくられています。たとえば、法務省は「サイバンインコ」、日本弁護士連合会は「サイサイ」ですが、変わり種を2つ紹介します。

　一つは、下着メーカーのトリンプ・インターナショナル・ジャパン株式会社が、2008年11月に発表した「裁判員制度ブラ」があります。

　デザインは、西洋の「正義の女神」をイメージしたもの。「正義の女神」は、片手に「平等」を象徴する天秤、もう一方の手に正義を象徴する剣を持ち、目隠しした姿が一般的です。「裁判員制度ブラ」はこの天秤にヒントをえたもので、色はゴールドで統一。カップ部分は天秤のお皿として、ストラップと背中の部分のチェーンは天秤の支鎖として使用し、本物の天秤のようなイメージに仕上げされています。取り外して台座に取り付ければ実際に天秤として使うことができます。製作に半年を要したとのこと。苦労した点は、「『裁判員制度』を啓蒙するために製作した作品なので、悪ふざけに見えないデザインに仕上げ、且つ、ご覧になった方が『裁判員制度』について興味を持って頂けるような仕掛けをどう作るかだった」という。裁判員制度実施の2009年5月発売かと思いきや、残念ながら非売品とのこと。

　もう一つは、福島県郡山市のすし店「海味（うみ）」（大竹正春店主）が考案した「裁判員すし」。裁判官3人をのり巻き、裁判員6人を握りで表現。「いかに裁くか」でイカ、カニ、サバ、それに裁判で「緊張しないで」とピンチョウマグロ、評議では「ひらめきも大切」とヒラメを入れた。いままでに50食以上の注文があった。

　来店した地検郡山支部の職員の話しを聞いてひらめいたという。お値段は「いい裁判」の語呂合わせで1138円です。店主は、忙しいけど裁判員を是非やってみたいと意欲をのぞかしています。

（写真は、ともに共同通信提供）

Step. 1

裁判傍聴に
いってみよう

裁判員をたのしむための
ウォーミングアップ（その1）

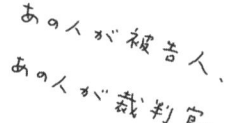
あの人が被告人、
あの人が裁判官…

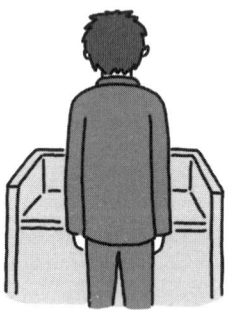

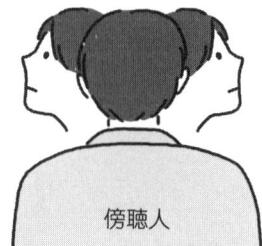
傍聴人

あの人が検察官、
あの人が弁護人…

裁判員に選ばれたときのために、前もって裁判を傍聴しておくのはとってもオススメです。検察官や弁護人が時折発するよく分からない法律用語、そして裁判の流れ、裁判所の雰囲気など、慣れておくとその分、評議に集中できるからです。ここでは日本最大の地方裁判所である、東京地裁に傍聴に行くときの流れをご紹介します。「コラム／裁判傍聴おすすめ・ガイド本」（本書39頁）もあわせてご覧ください。

裁判所の場所を調べる

まずは裁判所の場所を調べることから始めます。今はホントに便利な世の中でインターネットというものを使えば大抵の情報は仕入れることができます。裁判所ウェブサイトから行きたい裁判所の場所をチェック。東京地裁は地下鉄霞ヶ関駅下車です。

服装は基本的になんでもアリ

そして当日の服装。わたしは初めての傍聴の時、喪服よろしく真っ黒な服装で行きましたが、意外にも裁判所に来ている他の人々がカジュアルな服装だったことに驚きを隠せませんでした。というわけで服装は基本的になんでもアリ。ただ、ヘルメットや腕章など、右やら左やらに見えるようなアイテムを身につけることは禁止されています。普段の服装で出かけましょう。

午前10時から裁判所にいってみよう

そして傍聴に行く時間帯。裁判は基本的に朝10時から17時まで行われていますが、年末年始、8月、4月上旬などは裁判が極端に少なく、午前だけで終わってしまうこともあります。裁判の少ない地方であれば、その可能性は格段に上がります。午後から呑気に

行くと裁判がない、なんていう恐ろしい事態が待っているかもしれません。早起きは心底辛いですが、ここは午前10時から裁判所に行ってみましょう。

開廷表をさがす

裁判所に入ると、ロビーに開廷表というものが置いてあります。これはこの日に行われる裁判の時間割みたいなものです。東京以外だと、入り口に貼り出してあったりすることもありますが、基本的にどの裁判所にも開廷表はありますので、見当たらなければ職員さんに聞いてみましょう。

新件を選ぶ

どの裁判を見るか。これは一番重要な作業です。この選択によって一日が変わります。全身全霊集中して、裁判をチョイスしてください。メモ帳にめぼしい裁判の時間や法廷を書き留めておくと後で困りません。今回は裁判員になったときの予習を兼ねた傍聴なので、大きな事件を見てみましょう。強盗、強姦、殺人、傷害致死など、気分の悪くなるような罪名が、裁判員裁判の対象です。開廷表の右端に「新件」（しんけん）と書かれているのは初公判のこと。最初から裁判を傍聴できるので、裁判の流れが一通り理解できます。新件があればぜひ新件を選ぶことをオススメします。

つねに争点をあたまに

裁判員裁判は5月21日以降に起訴される事件からはじまります。起訴されてもすぐに公判ははじまりません。おそらく、実際にはじまるのは7月頃でしょう。裁判員制度は、非公開で行われた公判前整理手続（こうはんぜんせいりてつづき）を経てから、公開の法廷で初

公判が行われます。その際、公判前整理手続の結果として、その裁判での争点が裁判長から発表されます。これを常に頭に置き、傍聴をしてみましょう。各関係者の発言と争点を照らし合わせつつ、自分なりの犯人だ！とか犯人じゃないとか（事実認定）を頭の中で行いながら傍聴をすることが、裁判員に選ばれた時、大いに役に立つと思います。

　裁判所はホントに固いところですが、過激なことをしない限り、つまみ出されることはありません。会社や学校で過ごしているときと同じように普通にしていれば怒られることもないので、緊張せず、出かけてみて下さいね。

コラム
裁判傍聴、ひとりで行くのは不安な人へ

裁判ウォッチング市民の会（http://www.saiban-watching.com/）の定期傍聴をおすすめします。〈市民にとってわかりやすく、親しみやすい開かれた裁判の実現〉を目指す市民グループで、1993年から定期傍聴を、1ヵ月に1度、東京地方裁判所でやっています。どなたでも無料で参加できます。どの裁判を見るかは当日決めています。傍聴後、会員の弁護士さんが当日見た裁判のことを解説してくれますので、お得です。事前に日時、集合場所などを、同会のホームページでチェックしてください。

　また、定期的ではありませんが、弁護士会、裁判所が主催する裁判傍聴のイベントもあるので、それに参加するのもいいですよ。

Step. 2

小説・マンガ・映画・ゲームソフトから学んでみよう

裁判員をたのしむための
ウォーミングアップ（その2）

裁判員をたのしむためのウォーミングアップ（その2）
小説・マンガ・映画・ゲームソフトから学んでみよう Step.②

裁判員になってもあわてないように、いまから準備が必要です。でも解説本は、お勉強のようで眠くなりそうです。そこで、裁判員をたのしむために、読書派にはとってもお得な小説、マンガ派にはとっておきのマンガ、映画好きにはスリリングな映画、それにゲーム派にはゲームソフトをご案内します。

🔵小説から学ぼう！

司法修習生（→38頁参照）の弘君に登場をお願いします。
いつもは一人暮らしをしている弘君が、めずらしく実家に帰ってきた週末のこと。お母さんは、台所で読書中。

弘君：ただいま〜。
お母さん：あらあ、おかえりやす。
弘君：そんなインチキ京ことばを遣っているところを見ると、また菊様を読んでるの？（『**公事宿事件書留帳**』：京都を舞台にした時代小説。当時の法律事務所「公事宿」を舞台にした捕物帖。ヒーローは、公事宿の居候である田村菊太郎）
お母さん：当たり、新刊が出たのよ。今回も菊様は大活躍よ。あんたもこんな人になりなさい。
弘君：だって、菊様は浪人だろ。僕は法曹の卵なんだから、なるとしたら公事宿の奉公人だよ。
お母さん：あら、残念ねえ。
弘君：ところで、隣の松本さんのおじさん裁判員になったらしいといって言ってたけど、なんか言ってた？
お母さん：奥さんから聞いただけだからねえ、その後なにも聞いてないわ。
弘君：裁判員についてのイメージがわかりそうな本を見つけたから、

松本のおじさんに貸そうと思って持ってきたのにな。
お母さん：なに、なに？　見せてよ。
弘君：あ、これ。友達から借りたんだけど、『**判決の誤差**』。選任手続もちょっと出てくるし、裁判の始めから終わりまで描いているんだけど、内容的には、現実の法廷や手続を無視した内容で、僕からすればウソが多いんだよね。もうちょっと著者がきちんと取材をするか、編集者がチェックをしてほしいな。
南ちゃん：あら、弘、帰ってきたの。
弘君：姉貴こそ、久しぶりだね。
南ちゃん：あんた、ちゃんと市民のために働いてんの？　税金使って勉強させてもらってんだから。
弘君：と、当然だよ。（弘君は、5歳年上の南ちゃんに頭が上がらない）
南ちゃん：いま弘が偉そうな批判してたのは、これ？　刑事モノだって病院モノだって、必ずしも事実に沿って描く訳じゃないんだから、厳密さは必要ないんじゃない？
弘君：そうは言ってもさ、あまりにも違うとね。
南ちゃん：事件はなに事件なの？
弘君：殺人、強姦、傷害、公務執行妨害……もっとあったかな。
南ちゃん：なんか、その手の本って、すぐに強姦を持ってくるわね。実際に、そんなに強姦事件って多いの？
弘君：多いか少ないかと言えば、実際に多いのは窃盗事件がダントツだな。殺人や強姦は、比較的には多くないよ。
南ちゃん：そういう残虐な事件だと死刑が適用されるか問われるわけでしょ。
弘君：死刑の適用が問題になった本では、これ『**死刑基準**』ってのがあるよ。こっちは、現役の弁護士が書いているから、法的な間違いはないんで、読みやすかった。

お母さん：それも裁判員の本？

弘君：いや、2002年から2003年の裁判の話だから、裁判員裁判ではないんだ。これも強姦、殺人が問題になっている裁判で、奥さんと胎児が惨殺されて、死刑が適用されるべきかどうかがテーマの一つだね。

お母さん：お姉ちゃんが強姦されて殺されたら、お母さんは犯人に死んでほしいわ。

南ちゃん：物騒ね。私は死刑廃止論者だから、たとえそんなふうに惨殺されても、死刑反対。いまから遺書を書いておこうかしら。

お母さん：犯罪は、被害者や遺族だけでなく、加害者の周りの人にも大きな影響を与えるモノだからね。

弘君：映画にもなった『手紙』は、そのへんうまく書いているよね。ちょっと悲惨すぎて、読んでてつらくなるけど。

南ちゃん：陶芸仲間で、お務めから戻った人（もと受刑者で社会復帰した人）がいるんだけど、あの本は、読んでてかなりつらかったって言ってたわ。

弘君：へえ、どんなところが？

南ちゃん：自分のしたことの意味を改めて考えさせられたって。

弘君：日本社会は、法的制裁だけじゃなくて、社会的制裁の強い社会だからなあ。社会復帰した人に、もっと優しい社会であってほしいよ。

お母さん：そういえば、乃南アサの本を図書館で借りたら、普通のミステリーじゃなくて、難しい解説が入ってたのよ。

弘君：どれどれ？　あ、これか。これも裁判員制度とのからみで売ろうとしている本だね。

南ちゃん：『犯意』ねえ……。（パラパラとめくる）短編なのね。

弘君：有名な刑法の判例をベースに物語が作られているから、一般

向けと言うより、法学部の学生が読むのにちょうど良いと思うな。一番最後の話以外は、裁判員制度には直接関係ないような気がするし。でも、物語の内容は、良くできているね。さすが、って感じ。

南ちゃん：短編といえば、弘の本棚にあった『チルドレン』を読んだけど、面白かったわ。あの主人公、芸術家仲間にいそうなエキセントリックなやつなのに、家裁調査官っていうのがいいわね。

弘君：そうでしょ。あの本は、実際の家裁の少年部の本棚にもあったよ。調査官が出てくる小説って、なかなかないもんね。それに、話もおもしろいし。

お母さん：テレビドラマでは、昔、上川隆也が調査官役ででてた「少年たち」(NHK放映。DVD化されている。発売：NHKエンタープライズ)ってのがあったけど。いい男は、何をやっても良いのよね。

弘君：ドラマなら「ジャッジ 島の裁判官奮闘記」(NHK放映) にも、調査官はでてたよね。

お母さん：でもあれは、裁判官が主人公でしょ。

南ちゃん：かわったテーマといえば、検察審査会が出ている小説がお父さんの本棚にあって読んだわ。

お母さん：『検察審査会の午後』ね。お母さんが古本屋で買ったの。

南ちゃん：裁判員の評議は、あんなふうに活発な話し合いになるのかしら？

弘君：裁判官のすすめ方一つって気もするな。初対面の人同士が集まって、うち解けて話すのは、そう簡単ではないからね。

弘君：評議の内容が詳しく書かれている小説なら、今日は持ってきてないけど『裁判員法廷』ってのもあるよ。人物造形が単調でステレオタイプなんだけど、検察審査会の午後みたいな活発な議論が描かれているよ。ただ、姉貴からすれば、女の人の設定が気にくわないって言いそうだな。

南ちゃん：法律問題が出てきて、女が読んでスカっとするのは、篠田節子ね。

弘君：『女たちのジハード』だね。あれは、僕も大好き。前向きで、かっこいいじゃない。競売物件を買う人の話なんか、ドキドキだよ。

お母さん：あたしはドキドキも良いけど、淡々と進むのも好きだわ。大岡昇平の名作で、『事件』があるじゃない。弘は読んだ？

弘君：ああ、学部生の頃にね。刑事訴訟法の流れが一通りわかるけど、昔ながらの淡々とした裁判を描いてて、ちょっと眠くなったりして。

南ちゃん：眠くなるなんて、まさに現実の裁判ね。読んでみようかな。

弘君：同じく昔の本だけど、伊佐千尋の『逆転』のほうが僕は面白いと思うな。かつて沖縄がアメリカ施政下だった頃の陪審裁判がリアルに描かれていて。

お母さん：あら、もうこんな時間。弘もお風呂に入って、寝なさい。

弘君：はーい。

【話題に出た本】

・澤田ふじ子著『公事宿事件書留帳』幻冬舎文庫

・佐野洋著『検察審査会の午後』光文社文庫

・篠田節子著『女たちのジハード』集英社

・乃南アサ著（解説：園田寿）『犯意　その罪の読み取り方』新潮社

・戸梶圭太著『判決の誤差』双葉社

・加茂隆康著『死刑基準』幻冬舎

・伊坂幸太郎著『チルドレン』講談社

・東野圭吾著『手紙』文春文庫

・大岡昇平著『事件』新潮文庫

・伊佐千尋著『逆転』岩波現代文庫

・芦辺拓著『裁判員法廷』文藝春秋

㋮ンガから学ぼう！

　裁判所の近くに、ちょっと面白いお店がある。看板は「古本・古道具の栄枯堂」。裁判所修習のあとで、用事のない日の弘君は、そこに寄ることが多い。

弘君：こんばんは。おじゃまします。
店主：今日は、こんな掘り出し物があるよ。
弘君：なんすか、これ。いい香りがする。
店主：お香を計ってた天秤だよ。弘君が弁護士になったら、事務所にインテリアとしてどう？　安くしとくよ。
弘君：アンティークでいいなあ。でもいま金欠で……なんか、安いマンガの古本とかでてませんか？
店主：まいどあり。マンガはね、これ。
弘君：『**サマヨイザクラ**』（ネットカフェ生活をしているフリーターの男性が裁判員になって事件について考える話。登場人物の個性が強くてアクの強い漫画だが、内容的には引き込まれる）……なんだか、暗そうな漫画だなあ。
店主：まあね。読んでみたんだけどさ、設定は暗いけど、考えさせる内容なんだな。あともう一冊は、これ『**弁護士のくず7巻**』（本音丸出しの九頭弁護士が事件の真相に迫る。力み過ぎてないところがいい）。こっちは、まだ読んでないけど、例のシリーズものだから、おもしろいと思うよ。
弘君：ああ、トヨエツ(豊川悦司)が主演でドラマになったやつね。ほっぺたの赤い変わり者の弁護士が主人公の。
店主：そうそう、漫画の主人公のほうが格好悪くて、俺は好きだな。
弘君：でも、なんで突然7巻のみ？
店主：なんでだろうなあ。さっきの暗いマンガと一緒に売りに出てたんだよ。

裁判員をたのしむためのウォーミングアップ（その2）
小説・マンガ・映画・ゲームソフトから学んでみよう Step.2

（そこへもうひとりお客が入って来る）。
店主：いらっしゃい。
弘君：あれ、田中さん。
店主：なに、知り合い？
弘君：僕の修習中の部の左陪席裁判官の田中さんです。
店主：おお、裁判官か、ちょうどいい。いい天秤があるんですけど、裁判官室にどうですか？
弘君：それより、田中さん、もう仕事終わったんですか？　さっきまで記録に埋もれていましたけど。
田中：いや、まだまだ。煮詰まっちゃったんで、休憩に。こういう店、好きなんだよね。
弘君：いま、マンガの話になってたんです。
田中：あ、僕もマンガは大好き。法曹がらみのマンガは、ほぼ制覇しているよ。
弘君：あ、じゃあ、これ読みました？　『弁護士のくず』7巻。
田中：読みましたよ。裁判員制度が出てくるやつね。これは、いいよ。
弘君：じゃ、これも？
田中：『サマヨイザクラ』ね。読んだよ。法律的にきっちりしてて、読んでてストレスにならなかった。
弘君：そうかあ、じゃあ、裁判員制度つながりで、この2冊は括れるわけだな。謎が解けました。
店主：なるほど。じゃあ、このマンガのポップに「田中裁判官ご推薦！」って書いてもいいかな。はい、コーヒー。
田中：いいですよ。田中なんて、たくさんいるんで、気になりませんし。裁判員制度なら**『裁判員になりました』**がわかりやすいですよ。マンガとしておもしろいかどうかはともかくとして。
弘君：裁判所についての漫画の有名どころでは**『家栽の人』**（植物を

19

育てるのが上手な家裁の裁判官が主人公の漫画。ドラマ化もされた）があり
ますよね。

店主：俺も読んだ。あれは、泣けるよな。

田中：なぜか、裁判官室にもそろえてありますね。あれは、家裁の
話に限定されてますから普通の裁判所とはちょっとイメージ違うで
しょう。ちょっと前に聞きに行った講演会で、原作者の毛利さん自
身が、いまでは「『家裁の人』は、どこにもいなかった」って言っ
ているくらいだから、ちょっと現実離れしているんですよね。

店主：へえ、裁判官からみてもそういう感覚ですか。

弘君：意外ですね。

田中：忙しすぎて、あんなにじっくり事件に向き合えませんよ。本
当は、そうありたいですけどね。

店主：一般人から見た裁判官って、もっとデーンとゆったり仕事し
てそうだけど。

弘君：裁判官は、法曹三者のなかでは、もっとも忙しいんじゃない
かな。

店主：わかんないもんだね。もっとも、裁判官の知り合いなんてい
ないのが普通だもんな。一般人から見た裁判官なんて、俺の愛読マ
ンガの「判決を下す男」みたいなイメージだもんね（『**詩人ケン**』に入っ
ている４コマ漫画。もと裁判官の男が退官後も法服を来て近所をうろついたり
しつつ、判決を下す）。

弘君：弁護士の知り合いはいても、一般人と接触の少ない役所にい
る裁判官や検察官のイメージはもてないだろうね。

田中：弁護士が主人公の漫画は、『**島根の弁護士**』（実務修習地が島根だっ
たということで県内で27人目の弁護士になる。初々しくかわいい女性弁護士
水穂が主人公。サイドストーリーとして、水穂と母との秘められた過去がでて
くる）も有名だし、よく見かけますね。でも、検察官が主人公の漫

画もありますよね。

弘君：あるある。検察官のマンガを読んで検事志望になったっていう同期もいますよ。僕のお薦めは**『検察官キソガワ』**（こんな検察官いるの？　というくらい起訴・不起訴で悩み、補充捜査をばりばりやる）だな。元動物行動学者の木曽川が被疑者の再犯防止のために事件の真相をじっくり探る話で、結構感動する。おまけの４コマ漫画「動物検察官キソカワウソ」も面白い。

店主：そんな効率の悪い仕事してる検察官なんかいるのかよ。

田中：実際には、検察官もぼくら裁判官と同様に、事件処理に負われる毎日ですよ。

店主：そういえば、古いマンガで**『検事犬神』**（犬神と書いてウルフと読ませる。熱血検察官の話）ってのもあったな。いっとき、うちで置いてたけど、いまは、なくなったかな。

田中：あ、読んだことあります。１冊で完結する本でしたよね。

店主：そうそう、顔の怖い検察官が出てくるんだ。

田中：職権濫用が問題になりそうな事案だなと思って覚えています。

弘君：ゲームの**『逆転裁判』**がマンガになっていたけど、あれは、どうですか？

田中：僕はゲームも好きで、『逆転裁判』は一時ハマったなあ。あのゲームは面白いんだけど。マンガはね……娯楽を追求しすぎというか、僕としては、裁判官が木槌を持っているっていうところからして好きになれなかったなあ。

弘君：そうですね。もう少し、法律・裁判マンガもリアルを追求してほしいですね。

店主：裁判員裁判で一般人が裁判所にわんさか行くようになったら、実際の裁判や法律家に近づいたマンガも出てくるかもな。

　栄枯堂の話は止まらない。

【話題に出たマンガ】

・郷田マモラ『サマヨイザクラ　裁判員制度の光と闇』双葉社

・井浦秀夫『弁護士のくず』小学館

・幡地英明（原作：毛利甚八）『裁判員になりました』（3部作）日本弁護士連合会

・魚戸おさむ（原作：毛利甚八）『家栽の人』小学館

・業田良家『詩人ケン』マガジンハウス

・あおきてつお（原作：香川まさひと・協力：島根県弁護士会）『島根の弁護士』集英社

・鈴木あつむ『検察官キソガワ』講談社

・村上もとか『検事犬神』集英社

・黒田研二（監修：カプコン・脚本：前川かずお）『逆転裁判』講談社

映画から学ぼう！

　弘君は、弁護士志望なので、そろそろ就職先から内定がほしい時期になった。いくつかの事務所を廻り、自分のやりたい仕事がやらせてもらえそうな、ある法律事務所にターゲットを絞っていた。この日も、ボスと話をしに事務所へ遊びに来たところ……。

弘君：こんばんは〜、おじゃましま〜す。
　午後6時半、いつもは事務所がにぎわっている時間なのに、受付も無人でひっそりしている。
弘君：あっれ〜？　どうしたのかな。事務局の和美さんもいないなあ。おじゃましま〜す。
　（奥の会議室のドアが少し開いていた。パソコンの画面を見つめて放心状態の和美さんが座っている）。
弘君：こんばんは。どうしました？

小説・マンガ・映画・ゲームソフトから学んでみよう　Step.2

和美さん：あら！　弘君じゃない。こんばんは。

弘君：受付も無人だし、今日は事務所が静かですね。

和美さん：弁護士は弁護士会の委員会が重なって、いまは誰もいないのよ。もうすぐ帰ってくるわ。ボスとアポ有り？

弘君：はい、7時に事務所って言われたんだけど、早すぎたかな。あれ？　DVD見てたんですか。

和美さん：そうなの。弁護士から、うちの事務局員なら、これくらい見ておかなくちゃだめだって言われて。

弘君：おお～『12人の怒れる男』ですか。古典と言っていい名作ですね。

和美さん：弘君見たことあるの？

弘君：ええ、ロースクールの時に、課外授業で見ました。暑い暑い夏の日の評議室での暑苦しい話ですよね。

和美さん：そう言ってしまうと、そうなんだけど。展開がドラマチックで、見応えあったわ。最近、裁判傍聴にハマっている妹にもすすめようと思っているの。

弘君：これをリメイクした作品も多いんですよね。評議室での劇的な展開は、舞台向けだと思うけど。

和美さん：へえ、どんな作品があるの？

弘君：ロシアの監督が作ったやつで、同じく『12人の怒れる男』は劇場で見たけど面白かったですよ。時代設定を現代にして、ロシアの民族紛争も絡めてて。

和美さん：やっぱり夏の暑い日の話？

弘君：ロシア版は、寒い冬です。おまけに、評議する場所は寒々しい体育館なんですよ。議論は熱いんですけどね。

森村弁護士：ただいまあ～。お！　弘君、来てたの。

弘君：あ、おじゃましてます。弁護士会の仕事ですか。

森村：そうなんだよ。裁判員裁判対策の委員会ね。相変わらず、課題が多くてさ。ところで、和美ちゃん、DVD どうだった？

和美さん：なんか、圧倒されました。

森村：だっろ〜。名作だもん。

和美さん：いま、この映画をリメイクした作品の話をしていたところです。

森村：ああ、日本でもあるよ。三谷幸喜が脚本書いた『**12 人の優しい日本人**』は、なかなかおもしろい。

弘君：三谷幸喜というと、コメディですか？

森村：弘君、見てないの？　まあ、結構むかしの作品だからね。現実の日本にはない架空の陪審裁判を 1990 年代に作品にしてしまっているところがすごいね。コメディっちゃコメディかなあ。まあ、一度見てみるといいよ。若き日のトヨエツが出てるよ。

和美さん：ええ！　わたし好きなんです、トヨエツ。見なくっちゃ。

森村：たしか DVD をボスが持ってるはずだよ。

（さらに入口で声がして、複数人が事務所へ戻ってきた気配。ボスと佐伯弁護士が帰ってきた）。

和美さん：おかえりなさい。

ボス：和美ちゃん、映画どうだった？

和美さん：面白かったです。息詰まる感じで。ぐいぐい引き込まれました。

ボス：そうそう、ヘンリー・フォンダがうまいだけじゃなくて、周りもいい。名作だよ〜。

和美さん：それで、いま、映画の話になってたところなんです。

佐伯：陪審映画はアメリカでもたくさんあるからね。わたしも結構見たわよ。

弘君：おもしろかったものはなんですか？

佐伯：そうねえ、陪審裁判そのものというよりも選任手続をテーマにして、陪審コンサルタントの暗躍をうまくつかった『ニューオリンズ・トライアル』は、地味だけど、好きだったな。

森村：陪審モノなら、映画も良いけどアメリカのドラマも良いよ。『THE PRACTICE』は、貧乏刑事弁護事務所の話だけど、主人公は男前だし、話の作りがうまいよ。

佐伯：わたしは同じプロデューサーの『アリー my ラブ』の方が好きね。あのアホっぽさとアリーの空回りっぷりがいいな。

和美さん：佐伯さんの本棚に、アリーのDVDが入ってますよね。今度、お借りしてもよろしいですか？

佐伯：もちろん。アリーは裁判員裁判の弁論の参考にもしてるのよ。

森村：それにしては、佐伯さんはミニスカートはかないな。

佐伯：出し惜しみです。

弘君：検察修習のときの指導担当の検察官は、木村拓哉主演の『HERO』を見て検察官になったらしいけど、弁護士でもそういう人いるのかな？

森村：そりゃ、いるだろう。俺とか。

弘君：ええ、そうなんですか。

和美さん：『HERO』は、テレビでやってたよね？

弘君：劇場版もあるんです。テレビ同様、とぼけた味わいがあって、不思議なテンポの作品です。あの作品で一番かっこいいのは、木村拓哉ではなくて角野卓造だと思うんだけど、誰も賛同してくれない。

佐伯：一般的な見解とは言い難いわね。映画版なら、わたしはイ・ビョンホンがいち押し。

和美さん：ほかに、おすすめの映画はありますか？

森村：ジョン・グリシャム原作の小説は、かなり映画になってるよね。『依頼人』に『ペリカン文書』に……。

佐伯：わたしは『評決のとき』が良いと思うわ。弁護人役のマシュー・マコノヒーの弁論には泣けた。
ボス：（それまで奥の自室にいたのに出てきた）よし、メシに行くぞ～。なに、まだ映画の話してんの？
弘君：ボスのお薦めの法廷モノは『12人の怒れる男』のほかには、なんですか？
ボス：そうだなあ、昔の映画だけど、『**事件**』もいいな。
弘君：え？　大岡昇平の小説ですか？
ボス：そうそう、よく知ってるね。あれは、映画にもなってるんだよ。
森村：日本映画なら、話題になったのは、『**それでもボクはやってない**』だろ？　あの映画の後で俺の刑事の依頼人になった人がそれを見ててさ、接見に行ったときに「映画と一緒ですね」って言ってた。作り方がリアルなだけに、エンターテインメントとは言い難いけど、業界受けはしてたね。
ボス：フィクションではないけど、冤罪志布志事件の当事者らの証言を記録したドキュメント『**つくられる自白**』というのもあるよ。警察での自白を迫る取調べの実態がよくわかって、参考になるね。
佐伯：『それボク』は、逮捕・勾留されたときの心構えになるわね。全国の中学校の授業で必見だと思うな。
弘君：なんで中学校なんですか？
佐伯：そこでピンとこないような子は、うちの事務所への就職は危ういんじゃないの～？
弘君：ええ？　そうなんですか？
ボス：もう、メシ行こう。続きは、飲みながらで良いだろ。
全員：は～い！

　事務所の近くの居酒屋「いこい」へ場所を移し、映画談義は続き

ました。

【話題になった映画・ドラマ】

●映画

・元祖『12人の怒れる男』20世紀フォックス ホーム エンターテイメント ジャパン

・ロシア版『12人の怒れる男』東宝

・三谷幸喜脚本『12人の優しい日本人』ジェネオン・エンタテインメント

・劇場版『HERO』フジテレビジョン

・『ニューオリンズ・トライアル』プレミアム・エディション

・『依頼人』ワーナー・ホーム・ビデオ

・『ペリカン文書』ワーナー・ホーム・ビデオ

・『評決のとき』日本ヘラルド映画

・野村芳太郎監督『事件』松竹ホーム・ビデオ

・周防正行監督『それでもボクはやってない』フジテレビジョン／アルタミラピクチャーズ

・『つくられる自白──志布志の悲劇』日本弁護士連合会

＊なお、ここでは紹介しませんでしたが、裁判員制度の宣伝用映画は、最高裁判所、法務省、日本弁護士連合会でそれぞれ制作されていますので、各機関のホームページなどでチェックしてみてください。

●ドラマ

・『THE PRACTICE』（米国版。日本版はまだ発売されていません）

・『アリー my ラブ』20世紀フォックス・ホーム・エンターテイメント・ジャパン

・『HERO』テレビドラマ版（フジテレビ）

ゲームソフトから学ぼう！

　和美さんの妹のユキさんは、大のゲーム好き。今日も、中学時代からの友達の次郎君とゲームのことで夢中になっています。

ユキ：次郎、久しぶり！　ねぇねぇ最近出た裁判員のゲームやった？
次郎：ううん、やってない。
ユキ：え！　次郎がオススメしてくれたのに……？
次郎：うそ、やったよ。
ユキ：微妙な嘘つくんじゃないよ！
次郎：ニンテンドーの『もしも！？裁判員に選ばれたら……』だよね。
ユキ：うんうん。あれさぁ、やってみたけど、なかなか親切だったね。
次郎：何が？
ユキ：用語解説が出るところ。傍聴デビューする前はもちろん、裁判員やる前に一度やっとくと、けっこう勉強になるだろうなって気がするよ。
次郎：裁判員になったときの予習としてはいいかんじだったね。でもさ、あまりゲーム性はなかったね。
ユキ：まぁ裁判員を体験するゲームだからね……でも努力は買いたいよ。作るの面倒だっただろうな〜って、目頭がアツくなったよ。
次郎：ユキはすぐゲーム会社時代のこと思い出すよね。過去にとらわれずに未来を見ていこうよ！
ユキ：高校時代の自慢話ばかりのアンタに言われたくないよ！　あのさ、ゲームの話に戻るけど、ちょっと物足りなかったのは評議のところだよね。事実認定のところがあっさりしすぎてたなぁ。証拠も少ないし尋問も短い。
次郎：でも、ゲームだからそこはしょうがないよね。実際はもっと証人尋問も長いし、評議もじっくりやるって思ってればいいんじゃ

小説・マンガ・映画・ゲームソフトから学んでみよう

ない？ それより裁判員の長谷川さん、オレは仲良くなれないな。

ユキ：きっとああいう人も評議に参加するんだろうね。ある意味、長谷川さんにリアルを感じたよ。

次郎：あと裁判のゲームと言えば『**逆転裁判**』シリーズだけど、ユキは『**逆転裁判4**』もうやった？

ユキ：うん。『**蘇る逆転**』以来、逆転裁判シリーズやってなかったけど、ひさびさに。あのゲームは法廷の様子とか服装とかもう全て、実際の裁判とかけ離れすぎてて笑えるんだけど、ゲームとしては面白いよね。

次郎：だよね。まさかナルホドくんがあんなことになるとは……ってビックリしたよ。

ユキ：そうだよね！ あとナルホドくん、帽子がちょっと笑えたよね。

次郎：うん（笑）。逆転裁判はさ、弁護士が捜査までやっちゃうってところが現実と大違いだけど、そこが面白いよね。裁判を身近に感じるって点では大いに意味のあるソフトだね。

ユキ：あんたもたまには良い事言うね。

次郎：なんだよそれ（怒）。

ユキ：ごめんごめん。また裁判がらみで面白いゲーム見つけたら教えてね！

次郎：もう知らね～よ！

【話題になったゲームソフト】

・『**もしも！？裁判員に選ばれたら……**』NINTENDO DS ソフト
・『**逆転裁判4**』カプコン

Step. 3
裁判員裁判の登場人物

裁判員をたのしむための
最低限の予備知識（その**1**）

裁判員をたのしむための最低限の予備知識（その1）
裁判員裁判の登場人物　Step.3

　このブックレットの表紙をみてください。
　これが裁判員裁判の法廷です。向かって正面が裁判員と裁判官が座る法壇（ほうだん）です。右側は弁護人席で被告人と弁護人が座っています。左側が検察官席です。法廷の構造によっては、逆もあります。それらを囲んだ中心に証人席があります。
　裁判は被告人がいなければ開くことができません。ということは、被告人は刑事裁判の主人公ということです。被告人については、実際に自分の目でみてください。
　裁判では、被告人以外にも、実にたくさんの人々が関わっています。それらの人々は、公正な裁判をするために欠かせない人たちばかりです。登場人物を、裁判官からざっと紹介しておきましょう。

🔲判官

　裁判員裁判では、6人の裁判員と3人の裁判官（裁判長、右陪席、左陪席）とで、裁判体（さいばんたい）を構成します。裁判官は全国で3491人います（2008年度定員）。

●裁判長

　裁判体の雰囲気は、裁判長によって決まります。ここに、典型的な裁判長を挙げてみます！　みなさんが出会う裁判官がどのタイプにあたるか、楽しみですね。
　①**裁判長：我道進（わがみちすすむ）さん**
　声が大きくて身体も大きい。ざっくばらんに見えるが、実はきっちりと訴訟指揮（そしょうしき）をして裁判の進行は、自分の思い通りにすすめたい。
　②**裁判長：素章識子（そしょうしきこ）さん**
　表情に変化がなく、何事にも動じないクールな言動。評議におけ

31

る裁判員の突飛な意見にも平然と切り返す。が、法廷では突然大胆な訴訟指揮を発動して、周りが驚くこともある。

③裁判長：園 徹（そのとおる）さん
裁判員の意見を穏やかに聞き、その意見を取り入れてくれる。口癖は、「その通り」。裁判員の評議にもほとんど口出しをせず、物静かにおっとりとしているが判例や原則にこだわる頑固な一面も。

④裁判長：丸出太郎（まるでたろう）さん
こういう人、うちの近所にいたなあ……と思わせる至って普通のきさくなおじさん。しかし、最後は自分の意見を通したい。裁判員の意見は聞いているようで聞いていない。被告人への説教（訓戒）のパターンが豊富。

⑤裁判長：天秤賭代（てんびんかけよ）さん
世話付きな近所のおばちゃんタイプ。例え話が上手で、裁判員が事件を身近に引き寄せて考えられるように誘導してくれる。最終的には「みなさんが判断することです」と裁判員に任せる。

●陪席裁判官
　裁判体には、他に右陪席と左陪席という2人の裁判官が加わります。ここで、「右」というのは裁判長から見て右側の人で、「左」はその逆側の人です。被告人や傍聴席からみれば、裁判長の左側に座っている人が右陪席です。右陪席が裁判長の次に裁判官経験の長い人で、左陪席は新米判事補の場合が多いです。
　左陪席は、事件を通して裁判長からトレーニングをうけているので、当該事件の記録の検討などを担当しており、事件についてもっとも詳しいのはこの人です。判決文の起案など、事件の見通しをつける役割をしています。

これら裁判官3人は同じ部に属しています。つまり3人は、裁判官室では毎日机を並べて仕事をしている同僚です。
　形式的にはそれぞれが裁判官として3人とも「平等」とされてはいるものの、実際は、裁判長が刑事部の「部長」で右陪席と左陪席は、いわゆる部下として位置づけられています。
　裁判官は、法廷ではマントのような黒一色の「法服」を着用することが「裁判官の制服に関する規則」により定められています。黒は、「何物にも染まらない色」だから、のようです。
　裁判官のバッチは、八咫（やた）の鏡をかたちどり、中心に裁判所の「裁」の字を配置したものです。鏡は、裁判の公正を象徴しているそうです。但し、裁判所職員も同じものを付けています。

検 察官（公判検事）

　検察官は全国に2578人（2008年度定員）います。
　取調べで被告人の調書を取ったりなど捜査を担当する検察官（捜査検事）とは別で、公判のみ担当する役職の検事（公判検事）が法廷に立つことが多いです。検察庁によっては、裁判員裁判の場合、捜査検事と公判検事を一貫するところも出てくるかもしれません。
　昔は記録を検察庁の風呂敷に包んで持ち歩いている人が裁判所でみかけられました。しかし最近は、ガラガラと黒いスーツケースを引っ張っている検察官が多数派です。胸に光るバッチは「秋霜烈日」を意味しています。
　検察官にもいろんな人がいます。あなたの出会う検察官は、どんなタイプかな。

①**検察官：金成潔**（かなりきよし）さん
　スタイルもいい清潔感あふれるイケ面。要潤にそっくりとの評判。細身のグレーのスーツでネクタイもセンスがいい。聞き取りやす

い声がよく通り、歯切れもいい。冒頭陳述でアイコンタクトされると女性なら誰でもクラクラする。

②検察官：法野真理（ほうのまり）さん
小柄でぽっちゃりのかわいらしい外見とは不釣り合いな強気の対決姿勢を弁護人に対して見せる。「被害者のために」、が口癖。勝負服は黒いスーツ。ハイヒールの高さは、いつも7センチ以上と決めている。

③検察官：詰賀厳（つめがげん）さん
小柄で、太め。男性にしては高めの声で、舌足らずのしゃべり方のたどたどしい尋問をするため、一見ほんわかキャラにみえるが、被告人や証人の矛盾点を厳しく詰め寄る場面もあり。

④検察官：丁三須順（てみすじゅん）さん
某法科大学院では才色兼備で目立っていたという隙のない女性。完璧なアイメークの瞳で見据えられると、心の中まで見透かされそうになる。また、裁判員への説得力にも定評がある。情より論理、がモットー。

⑤検察官：掛留球児（かけるきゅうじ）さん
情熱あふれる体育会系の熱血漢。趣味は球技。真冬の寒い法廷でも上着を脱いで、汗をかきながらの論告求刑場面には目が釘付けにされる。被害者陳述の場面では、検察官席で涙を流すことも少なくない。

⑥検察官：木律守（きりつまもる）さん
刑事手続遵守に命をかけており、警察官の違法捜査があると、許せない。証人の取調刑事を追及する姿勢は厳しい。弁護人の尋問にも常に目を光らせ、刑事訴訟規則違反の尋問にはすかさず鋭い異議を申し立てる。

被害者・被害者遺族

被害者参加制度で検察官席の並びに席が設けられています。裁判所の許可に基づいて参加しますが、多くの場合、被害者から委託を受けた弁護士とともに出席します。

弁護人（弁護士）

「弁護士」は職業としての名前で、「弁護人」は、刑事事件における役割の名前として区別されています。民事事件では、弁護人ではなく「代理人」となります。

弁護士は、法曹三者の中で最も数が多く、全国に25041人（2008年）います。ほとんどの弁護士は、主に民事事件に携わり、刑事事件だけをやっている人はごく少数です。

弁護人は、被告人の権利を守り、適切な主張をすることで手続の適正を担保します。弁護人は、黒を白と言いくるめる人、との誤ったイメージがありますが、それは違います。弁護人がいないと公判は開かれないため、遅刻をするとみんなを待たせることになってしまいます。

弁護士も胸にバッチ（弁護士記章）をつけています。弁護士記章は、ひまわりの花の中心部に天秤一台を配しているものです。ひまわりは正義と自由を、天秤は公正と平等を意味しています。

裁判官、検察官に比べて数の多い弁護士には、いろんなタイプの人がいるので、ここに挙げた類型に当てはまらない場合も多いと思います。

①弁護人：丁寧誠子（ていねいせいこ）さん

誰よりもわかりやすく、平易な言葉で法律を語れる達人。最終弁論で熱が入ると、出身地である関西風アクセントになるのも魅力的。裁判員一人一人が、自分のために説明してくれていると錯覚

してしまうような語り口。
②弁護人：平良公平（たいらこうへい）さん
こてこてのベテラン刑事弁護人。太めの身体で機関車のように動き回り、しゃべる。冬でも額には汗をかいている。裁判官との対峙では、一歩も引かない。弁護人は、なにはともあれ被告人の味方である、との信念の人。
③弁護人：建木晴美（けんぎはるみ）さん
被疑者と初対面のときの笑顔が限りなくやさしい。頼りになる肝っ玉母さんタイプ。実際に、5人の子どもを育てている。検察側証人である敵性証人の尋問でも、思わず本音を語らせてしまう巧みな技術には脱帽。
④弁護人：商事法男（しょうじのりお）さん
もともと刑事弁護に興味がなく、企業法務の仕事ばかりしていたため、高そうなスーツを着ている。ある事件をきっかけに刑事にのめり込む。弁論時の大げさなゼスチャーは、アメリカのロースクール留学時からの癖。
⑤弁護人：桜田門人（さくらだもんと）さん
頼まれれば、なんでもやる街の弁護士。裁判員裁判でのわかりやすい説明がとくにお年寄りに人気。穏やかな外見に反して、準抗告の件数の多さはダントツ。父は警察官で、刑事弁護の仕事に理解がないのが悩み。

📚記官

　書記官は、弁護人や検察官から提出される書面を一件記録（いっけんきろく）としてまとめる役割をしています。記録では、公判廷でのやりとりもまとめています。テープ録音はあくまで補助であり、リアルタイムで公判の様子を記録しています。一件記録は、書記官

の「命」とも言われます。裁判員が書記官から記録を借りて読む機会があったら、大事に取り扱いましょう。

速記官

専門的な養成を経て、すさまじい早さでタイピングをする。速記のための機械の愛称は「はやと君」。近年、速記官の養成はされなくなりました。現在いる速記官も数が激減しており、徐々に書記官への配置換えが行われているとか。

廷吏

かつては「廷吏」としての採用試験があって、専門の職種とされていましたが、近年は事務官が廷吏の仕事を担当しています。

廷吏の仕事としては、証人の出頭に際して「証人カード」を記載してもらったり、証人を法廷に誘導したり、裁判官の登場に際して「起立！」と号令をかけたりしています。また、当日になって当事者から提出された書面などを整理して裁判長へ渡したり、公判における庶務を行っています。

刑務官（看守）

刑務官は、制服制帽です。公判の間、帽子をかぶっていても許されるのは刑務官だけです。裁判官が法廷に入ってくる前に身体拘束されている被告人を法廷に連れてくる仕事をしています。法廷では、裁判官の「開廷します」により刑務官が被告人の手錠と腰縄を外します。刑務官は裁判所職員ではなく、法務省の公務員であって、被告人が勾留されている拘置所の職員です。

なお、被告人が別件で被疑者としての取調べなどが続いている場合には、制服制帽の刑務官ではなく勾留されている警察署の担当刑

事が被告人を連れてくることもあります。この場合、刑事は私服なので、違いがよくわかるでしょう。

被告人が女性の場合、刑務官も刑事も女性となります。

司法修習生

法壇の下に座っているのは裁判所で修習中の司法修習生です。司法修習生は、司法試験に合格してのち、公務員として1年間もしくは1年4カ月研修中の身分です。

眠そうな司法修習生が多いのは、二回試験という研修の最後にある試験勉強を修習の後でせっせとしているせいか、夜中まで飲み歩いているせいかの、どちらかでしょう。

以上のほかに、裁判の登場人物には証人として出てくる警察官、鑑定人、被告人が外国人の場合の法廷通訳人などがいます。

最後に、裁判官席と反対側に傍聴席に陣取っているのが、司法記者クラブに所属する新聞記者、一般の傍聴人です。

コラム
裁判所の2つの顔

一般的に「裁判所」というと、東京地方裁判所や大阪家庭裁判所といった、いわゆる「建物」としての裁判所を思い浮かべる人が多いだろう。たしかに、タクシーに乗って「裁判所に行ってください」と言うときには、この建物としての裁判所を意味します。

しかし、法律上の裁判所とは、裁判をする主体としての裁判員及び裁判官の合議体を指します。裁判をする主体を「裁判所」という以上、単独で裁判をしている裁判官も「裁判所」と言うし、3人の裁判官も9人の裁判員・裁判官合議体も「裁判所」です。

コラム
裁判傍聴おすすめ・ガイド本

　裁判傍聴の仕方を案内する本はたくさんあります。その中から、持ち運びにもよく値段も手ごろな3冊を紹介しよう。

　最初のお薦めは、**『裁判狂時代』**(河出文庫)です。裁判傍聴業界ではトップクラスの阿曽山大噴火さんの書いたものです。自分が傍聴したオモシロ裁判25編を集めていますが、その冒頭に「裁判傍聴マニュアル　入門編」と「裁判傍聴マニュアル　法廷編」が収録されています。25頁ほどですが、これを読めば、あなたも安心して傍聴に行くことができます。

　つぎは、**『裁判所へいこう！』**(PHP文庫)です。小林剛弁護士の監修するもので、裁判の流れ、事件の特色などが詳しく書かれています。裁判員制度の解説もついているのでお得感があります。これを読破すれば、あなたもかなりの裁判傍聴マニアになれます。

　最後は、**『裁判傍聴ハンドブック』**(発行：花伝社／発売：共栄書房)で、裁判ウォッチング実行委員会編です。「百聞は一見にしかず」と裁判傍聴をすすめています。弁護士さんたちが執筆しただけあって、わかりにくい裁判用語もしっかり解説してあります。

Step. 4

刑事裁判の全体像を知ろう

裁判員をたのしむための
最低限の予備知識（その2）

刑事裁判の全体像を知ろう

裁判員のほとんどの人は、いままでに刑事裁判を見たことがないと思います。いきなり裁判にのぞんでも、たのしくないのは間違いありません。刑事裁判の流れをおおまかに頭に入れておくことは不可欠です。知っていれば、裁判員として自分がいま何をしているかがよくわかります。

　司法修習生の弘君がよく行く居酒屋のカウンターで、ある日、店の大将とこんな話をしました。

裁判員候補者名簿記載のお知らせ」が来た

弘君：いやあ、今日も疲れたよぉ〜。大将、生中とおつまみ、適当によろしくお願いします。

大将：お疲れサンだねえ、弘君。いまは、検察庁だっけ？

弘君：検察庁での修習は終わって、いまはもう裁判所だよ。

大将：はいよ、生中。へえ、裁判所かい。お堅いね。どうだい？ 楽しいかい？

弘君：それがさあ、裁判員裁判でいろんな人が裁判所に来るじゃないっすか。結構、裁判所もがんばってるんだよね。

大将：おお、裁判員裁判か。うちの常連さんのなかにも、「裁判員候補者名簿記載のお知らせ」が来たという人がいたけどさ、行きたくないってぼやいてたよ。わかんねえもんな、素人には。

弘君：うわ、この菜っ葉とお揚げおいしいね！　こんなおいしいものが作れる大将には、刑事裁判の話なんて、すぐにわかるようになるよ。

大将：そうかい？　じゃあ、順に手続の流れを教えてくれよ。お客さんに聞かれたときに、説明できるような程度で良いからさ、わかりやすく頼むよ。

弘君：うん、わかった。あ、オススメの焼き魚あったら、食べた

いな。
大将：きょうは、鰤のいいのがあるよ。

🏠店でのケンカ

弘君：じゃあ、どの辺から話したらいいかな。まず、この店で、酔っぱらいがケンカするとするよね。

大将：ケンカは、店の外でやってほしいけどな。

弘君：まあ、まあ。それで、けんかの一方が相手を大ケガさせて、大将が110番してお巡りさんが駆けつける。ケガをさせた人は一郎さんとすると、一郎さんは警察官に逮捕され、警察の留置施設に連れて行かれますね。1日か2日で勾留という手続になって、逮捕から最大23日で、一郎さんの起訴か不起訴がはっきりする。これを決めるのは検察官です。ケガさせただけなら、傷害罪です。傷害罪は、裁判員裁判の対象事件ではないですが、死なせてしまうと、傷害致死になって対象事件になりますね。

大将：起訴ってのは、裁判になるんだよな。不起訴は、家に帰ってこられるんだろ。

弘君：起訴でも家に帰れるよ。保釈（ほしゃく）という手続をしないといけないけどさ。起訴されて、裁判が予定されているので、被告人は、逃げないで裁判に出頭するって約束して、その担保として保釈保証金を払って、保釈されるんだ。

大将：ああ、保釈金って、何千万もかかるやつだろ？

弘君：テレビに出たりする有名人は、それくらいだね。ふつうは、200万円程度だよ。お金がない人でも、貸してくれる民間の機関もあるから、それを借りて、保釈金を払うんだ。

大将：へえ、そうかい。はい、鰤だよ。

弘君：うわあ、おいしそ〜。このへんで日本酒にしようかな。常

温でコップ酒をください。
大将：はい、どうぞ。起訴された被告人は、すぐ裁判かい？
弘君：裁判員裁判の場合には、必ず公判前整理手続（こうはんぜんせいりてつづき）をするんだよね。これは、簡単に言うと、裁判員裁判を短期間にかつ裁判員にとってわかりやすくするための証拠や主張の整理手続なんだ。
大将：昔みたいに、裁判に何年もかかるわけじゃないんだな。
弘君：そうそう、おいしいねえ、この魚。あ、あとアサリの酒蒸しも日本酒に合うよね。
大将：きょうはアサリの大きいのが入ってるからな。
弘君：おねがいします。

裁判がはじまったら……。

大将：話は戻るけど、裁判が始まったら、どうなるんだい？
弘君：検察官が一郎さんの有罪を目指した主張をするんだよ。いろんな証拠に基づいてね。裁判員は、そういう証拠で一郎さんを有罪にできるかどうかを判断することになるんだ。
大将：弁護士は何をするんだい？　無罪の証拠を出すのか？
弘君：いやいや、弁護士は、刑事裁判では弁護人というんだけど、無罪の証拠を出す必要はなくて、検察官の出す証拠が有罪に役立つかどうか、関係ないものじゃないかどうか、違法な方法で集めた証拠かどうか、なんてことを主張することが多いよ。
大将：うちの店でケンカになった場合だと、目撃者も多いし、有罪は間違いなさそうだよなあ。おれとしては、ケンカ両成敗で、二人ともきつく叱って終わりにするけどな。
弘君：ただ、ケガをさせてしまった一郎さんが相手の攻撃をかわすための場合や、べろべろに酔ってけんかした場合だと簡単に有

罪にならないこともあるんだよ。
大将：へえ、そうかい。はい、アサリおまちどう。
弘君：大きいアサリだね！　ぷりぷりでおいしそうだ。

裁 判員と裁判官が一緒に評議

大将：そうやって、検察官と弁護人がやりあって、裁判員はそれを見て、判決することになるのか。

弘君：ふ〜、春のアサリは、しみじみおいしいね。裁判員は、裁判官と評議という話し合いをして、対等な立場で議論するんだ。これがさあ、傍聴させてもらうと結構エキサイティングでさ。おとなしそうな裁判員のおじさんが、威圧感のある裁判長に一歩も引かない議論して、他の裁判官がおじさんに同調したりして。市民の参加は、とくに評議の場での対等な議論ができないんじゃないかって言われてたけど、僕が見た限り、全くそんなことはないね。

大将：まあ、ケンカの話ならわかるけどなあ。でも、たとえば、殺人事件なんかはどうなんだろうな。死刑になるかもしれない事件の裁判は、ケンカなんかとは違うんじゃないかい？

弘君：基本は同じだよ。人の人生を左右するっていうことでは、ケンカみたいな事件も殺人事件も慎重な検討が必要なのは一緒だからね。

大将：ふーん、そうかい。で、判決の後は、どうなるんだ？　有罪ならすぐに刑務所へ行くのかい？

弘君：たとえば、判決が懲役5年でも、それに不服があれば上訴、といって更に裁判で争うことはできるよ。争わない場合には、判決は確定されて、受刑することになるね。

大将：くさいメシを食うんだなあ……。

弘君：そうそう、大将の作るようなものが食べられなくなる。あ〜、アサリおいしかった。そろそろ、ご飯にしようかな。
大将：赤だしと漬け物の他に、なにかつけようか？
弘君：菜の花のおひたしがあったらほしいな。
大将：あるよ。春ゴボウのきんぴらも食べるかい。
弘君：いいっすねえ。
大将：おいしい物食べて、ちょっとうまい酒を飲んで、そんな毎日が一番良いよな。
弘君：ほんとうは、うんとうまい酒が飲みたいけど、いまの僕の給料じゃあな。お勘定してください。
大将：まいどあり。まだ、若いんだから、贅沢言いなさんな。
弘君：ごちそうさま〜。

コラム

裁判員候補者名簿記載だけで裁判員にはなれない

　毎年、その年末ころに、翌年の裁判員候補者に選ばれたことを知らせる「裁判員候補者名簿への記載のお知らせ」が最高裁から、衆議院議員選挙権がある国民に送られてきます。この名簿に記載されたからといって、すぐに裁判員に選ばれたことにはなりません。あくまでも事件ごとに選任される裁判員の候補者になっただけです。ここからさらに抽選して、裁判の日に裁判所へ呼ばれます。当日呼ばれた裁判員候補者は、選任手続をへて正式裁判員6人に絞られます。これではじめて、裁判に参加することになります。裁判員には、交通費の実費や日当として最高1万円が支給されます。

Step. 5

検察官、弁護人の事前準備を知ろう

裁判員をたのしむための最低限の予備知識（その3）

検察官の事前準備

- 被疑者
- 検察官
- 検察事務官（ワープロで記録をとっている）

弁護人の事前準備

- 被疑者
- 弁護人
- パネル越し

裁判員をたのしむための最低限の予備知識（その3）
検察官、弁護人の事前準備を知ろう Step.5

裁判員裁判の公判では、検察官は、被告人の有罪を立証するために、冒頭陳述をし、証拠物を提示し、証人を呼んで尋問します。最後に、論告・求刑をします。一方、弁護人は、検察官が提出した証拠が適正なものかどうか主張したり、検察官の立証に反論を加えます。これらの活動は、実際に公判で見たり聞いたりすることができます。

しかし、両当事者が、公判になる前に何をしているかを見ることはできません。そこで、検察官と弁護人はどんな準備をしているかを、ごく簡単に見てみましょう。

検察官の事前準備
あなたの見えないところで
検察官はこんなことをしている
たとえば田山検事の場合

　田山検事は、任官して10年目です。熱血漢ですが、滑舌が悪いのが玉に瑕で、市のカルチャー講座の「話し方講座」を受講すべきかどうか、最近迷っています。そんな田山検事のところに、居酒屋でケンカした太郎さんの傷害致死事件の新件が廻ってきました。

🔴 事件は傷害致死

田山：ケンカなんて、たいした事件じゃないねえ。サクサクできるかな？

検察事務官の斉藤：ところが、被害者が昨日亡くなったそうで、送致罪名（そうちざいめい）は傷害ですけど、事件は傷害致死になりますね。

田山：傷害致死かあ……裁判員裁判対象事件だね。う～ん、気乗

りがしないなあ。
斉藤：公判では、しゃべり方よりもルックス重視ですから、検事なら大丈夫ですよ。
田山：そういうの、僕、うれしくないよ。

慎重に取調べ

　警察からの送致書には、太郎さんの逮捕からの手続書面や逮捕されてすぐに取調べられた様子、逮捕時の飲酒状況などの書類が綴じられている。

　警察段階で十分に起訴・公判維持に堪えられるだけの証拠があればいいが、それが不十分であると検察官が判断すれば、補充捜査を行う。もちろん起訴する事件かどうかは、なによりも太郎さんの話を聞く必要もある。

　田山検事は、太郎さんを検察庁に呼んで取調べするとともに、居酒屋の同席者の目撃状況及び被害者（遺族）の供述調書が不十分であるとして、斉藤事務官と相談の上、何人かを取調べた。

　太郎さんの取調べは、検察庁の田山検事の部屋で行われた。松原署の刑事二人に手錠・腰縄付きで連行されてきた太郎さんは、大工という職業にしてはきゃしゃでか弱い雰囲気の男性だった。長期の身体拘束でやつれたのかな、と思いながら、田山検事は慎重に取調べをはじめた。

田山：はじめまして、田山です。
太郎：よろしくお願いします。（以下、取調べ内容は省略）

起訴の方針

　太郎さんの取調べが終わったあとの田山検事は、大きくため息を

ついた。

斉藤：結構やっかいな事件かもしれませんねえ。
田山：う〜ん、酔ってて覚えていないという部分が多いしな。ろくに事実を再現できてないでしょ。
斉藤：弁護人は、あの小原弁護士ですから、手強いですよ。会ってみるとニコニコして愛想が良い弁護士さんなのに、こっちの主張や証拠に厳しい追及をする人ですからねえ。
田山：公正に対応してくれるから、僕はあの弁護士は好きだな。ま、こっちも手抜かりなく、やるだけだね。

その後、事件当時に居酒屋に同席していた人の話を聞き、被害者遺族にも被害感情などを聞いた上で、田山検事は、太郎さんの事件を起訴の方針とした。その頃、小原弁護士から面会の要請があった。

斉藤：検事、小原弁護士が会いたいって何度も電話よこしてますが。
田山：じゃあ、今日の午後に会ってみるか。

コラム
警察・検察

窃盗・強盗、傷害・殺人など犯罪が起きると、まず警察官が出動し、捜査を開始します。被疑者を逮捕したり、関係箇所を捜索したりします。検察官は、警察官が捜査し、取調べた結果をみて、起訴するか不起訴にするかの判断をします。なお、政治家がらみの贈収賄事件などでは、最初から検察官が捜査を開始します。

弁護人との面会

午後、検察庁にて

小原：お忙しいところ、すみません。

田山：いえいえ、仕事ですから。

小原：太郎さんの傷害事件ですが。

田山：傷害致死ね。起訴の方針です。

小原：示談交渉は進めているところなんですが……。

田山：被害者は、示談の見込みなさそうですよ。あとは、法廷でやりましょうよ。

小原：起訴後の保釈請求はしますよ。

田山：う～ん、こちらはちょっとご意向に添えないかもしれないなあ。僕の取調べでも、太郎さんはろくにしゃべってくれないし、居酒屋の同席者にも酔っぱらっていた人が多いからね。事件の状況が不明瞭なんですよ。なにより、被害者が病院で死亡したことで、事件の性質が変わったからね。

小原：わかりました。では、法廷でお会いしましょう。

　田山検事は、上司の決裁を仰ぎ、証拠を整えた。いよいよ起訴状を起案。筆ペンで魂を込めて記名した後でつぶやいた。
「明日から、発声練習ぐらいしておこうかな……」

弁護士の事前準備

あなたの見えないところで
弁護士はこんなことをしている
たとえば小原弁護士の場合

裁判員をたのしむための最低限の予備知識（その3）Step.5
検察官、弁護人の事前準備を知ろう

　居酒の店でケンカをして、相手を死なせてしまった太郎さんの事件の弁護人を例に、裁判員裁判で皆さんの前に出てくる前に、弁護人はどんな準備をしているのか、ここでまとめてみましょう。

依頼から接見

　太郎さんが逮捕・勾留されたことをお母さんのハナさんが裁判所からの連絡で知りました（→勾留の際に裁判所で勾留質問がなされます。あなたの勾留を知らせたい人はいますか？と聞かれて、一郎さんは「母のハナに知らせてください」と言いました）。

　驚いたハナさんは、以前不動産の売買の際にお世話になった丸山弁護士に電話しました。丸山弁護士は、刑事弁護をやっていないので、友人の小原弁護士に頼みました。いつも忙しい小原弁護士ですが、一郎さんが勾留されている松原署に接見に行く用事があったので、太郎さんにも会ってみることにしました。

　小原：はじめまして、弁護士の小原です。
　太郎：はじめまして。よろしくお願いします。
　小原：どういった事情で、太郎さんがここに来ることになったのか、お話を聞かせてもらえますか？
　太郎：はい、じつは……（以下略）

　太郎さんから話を聞いた小原弁護士は、太郎さんに委任状を書いてもらい、検察庁へ太郎さんの弁護人になる弁護人選任届を出しました。担当検事は田山検事でした。

検察官との面会

　小原弁護士は裁判所へ行き、太郎さんの身体拘束の根拠となって

51

いる勾留状の謄本を請求しました。ついで、田山検事と面談して、起訴か不起訴かの方針を聞いてみました。

まずは、被害者（遺族）の方と会って、太郎さんからの示談金を受け取ってくれるかどうか相談し、太郎さんに対する気持ちを確認します。太郎さん本人及びお母さんのハナさんに、被害者への示談金を出せるかどうか相談します。

また、太郎さんは大工見習いとして佐藤工務店で働いていたので、太郎さんの了解を得た上で、佐藤工務店の社長と太郎さんの今後について相談します。佐藤社長は、太郎さんの普段の働きぶりがまじめであることなどを重視して、今回のことは自分の監督不足でもあるなどとして、被害者へ一緒に頭を下げに行ってくれるなどと言ってくれたし、太郎さんが裁判になっても証人になってくれると約束してくれました。小原弁護士は、ほっとしました。

撃者さがし

小原弁護士は、毎日太郎さんに会いに松原署へ行きました。太郎さんには「接見（せっけん）禁止決定」（→刑訴法81条：弁護人以外の人とは面会・物の授受ができなくなる裁判所の決定）が付いていましたので、ハナさんからの伝言や佐藤社長との相談内容も全部伝えに行っていました。

太郎さんは、事件当時、仕事で疲れていたせいもあって大分酔っていましたので、あまり当日の自分の行動を覚えていません。一緒に店で飲んでいた人を探さないと、事件当時のことは詳しくわかりません。小原弁護士は、当日、居酒店に同席していた人を探して、目撃者として話を聞くことも必要になります。

小原弁護士の被害者との示談交渉がうまくいかず、どうやら、太

郎さんは起訴されることになりました。これからが本番です。

予定証拠の閲覧・謄写

　小原先生は、検察官が裁判に出す予定の証拠を閲覧・謄写する必要があります。検察官の訴追方針がはっきりしないと、弁護人として太郎さんを守ることはできません。小原弁護士のいる事務所の事務局（→法律事務所の事務員さんは専門家として、弁護士をサポートする。多くは、複数の事務員さんが「事務局」としてチームで働く）は、ますます忙しくなってきました。

　起訴後、保釈請求が認められるので、小原弁護士は、ハナさんや佐藤社長からの保釈金を集めながら、保釈請求をします。事件によっては、簡単に認められる保釈ですが、太郎さんの場合はなかなか難しそうです（→保釈の難しさについては、検察官の準備を参照）。

　さあ！　公判。

コラム
私選と国選

　被疑者は、自分を守ってもらうために、弁護人として弁護士に法的サポートをお願いしますが、自分や親などの費用で委任することを私選といいます。その弁護士のことを私選弁護人と呼びますが、私選はその略称です。一方、経済的事情で自分で弁護士費用を出せないときは、国選弁護人をお願いすることになります。これを国選と言います。以前は、起訴されてからしか国選弁護人は付かなかったのですが、2007年から起訴前の被疑者段階からもお願いすることができるようになりました。

　弁護士の弁護人としての活動は、私選も国選も同じです。

Step. 6

よい評議・わるい評議を知ろう

裁判員をたのしむための
最低限の予備知識（その4）

わるい評議

よい評議

裁判員をたのしむための最低限の予備知識（その４）
よい評議・わるい評議を知ろう　Step.6

公判が終わると、裁判員と裁判官は別室の評議室に移動して、公判で見たこと聞いたことに基づいて話し合って有罪・無罪の判断をします。そして有罪の場合は、懲役何年とかの刑を決めます。これを評議と言います。
　評議のイメージもなかなかわかないと思います。そこで、よい例、わるい例を紹介します。実際は、もっと時間をとってじっくりすることでしょうが、紙数の関係で相当短くしたことをお断りしておきます。まずはじめに、「わるい評議」から。

わるい評議

　松本さんは弘君の実家のお隣さんです。
　松本さんは、弘君が司法試験に受かったことを知っていたので、弘君に裁判員候補の当選通知が来たときに、いろいろ相談しようと思ったのですが「人に言いふらしたらだめ」的なことが書いてあったので、まじめな松本さんは、誰にも相談せずに裁判に行きました。運よくというのか運悪くというのか、正式な裁判員に選任されました。
　そんな松本さんの裁判員裁判もいよいよ評議。さて……。

左陪席：これまで、法廷でご覧になった証拠から、被告人・島谷隆史のタクシー強盗の犯罪の成否と量刑を決める評議を始めたいと思います。
　まず有罪か無罪か、ですが、そうですね、裁判長、どうやって決めますか？
裁判長：挙手で良いんじゃないか？　簡単だろう。
裁判員番号３番（実は、松本さん）：あ、あの、挙手だと、誰がど

55

の意見かわかってしまうので、少数意見の人が自分の意見を表明しにくいのではありませんか？
右陪席：では、あなたはどんな方法が良いのですか？
裁判員番号３番：え？そうですねえ……。
裁判長：挙手だ、挙手だ！
裁判員番号５番：無記名で、小さい紙に書いて、集める方法はいかがですか？
裁判長：めんどうだなあ。
裁判員番号５番：このメモ帳を小さくちぎればいいので、私が作ります。
左陪席：では、書いた方は、たたんで私までもってきてください。

（集計・開票）

左陪席：いまのところ、有罪が３人、無罪が６人ですか、無罪が多数ですね。
裁判員番号１番：無罪推定ですから、こんな怪しい事件は無罪でしょう。
裁判長：何を言ってるんだ。これだから、素人は困るよ。起訴される人はね、99．9％有罪の悪い人なんだよ！　有罪、有罪。
裁判員番号２番：裁判長が有罪支持かあ……有罪に変えようかなあ。
裁判員番号４番：自己の良心に従って、決めればいいことでしょう。しっかりしてよ。
左陪席：では、現在のところの結論を維持するのも変えるのも各人のご自由です。これから評議に入ります。まずは、構成要件該当性、違法性、有責性の順で検討します。
裁判長：時間厳守だからね。もめたら私が決めるからね。

よい評議・わるい評議を知ろう

（中略）

左陪席：ということで、最終的には有罪で全員の意見が一致しましたね。
裁判長：だから最初から有罪だって言っただろう。素人が何を言っても同じだよ。
裁判員番号3番：（心の中で……「ナンなんだ、あの裁判長。俺たちの意見を誘導するし、2人の陪席裁判官も裁判長の言いなりで、偉そうだし。せっかく仕事を休んできてるのに、俺たち市民の出る幕ないのか？」…）
左陪席：ここで休憩を挟みましょう。休憩の後は、量刑問題を話しあいます。

（休憩）

左陪席：それでは、これから量刑問題を話しあいましょう。島谷被告人の訴追されている強盗罪は5年以上の有期懲役です。有期懲役の上限は20年ですので、5年から20年までの間で、島谷被告人にとって適切な刑を皆さんで考えましょう。
裁判長：最初にみんなの結論を聞こう、挙手で。
裁判員番号5番：また無記名の投票にしましょう。
裁判員番号3番：投票に、賛成します！
裁判長：ふ〜ん、時間があまり残ってないから、早くしてね。

（中略）

左陪席：投票では、5年が一番多いようですね。
右陪席：裁判員の方々だと、そういう甘い刑にしてしまうんでしょうね。裁判所の量刑相場では、本件の場合、10年くらいが相当ですよ。

裁判員番号1番：じゃあ、相場を見せてくださいよ。
左陪席：裁判長、どうしますか？
裁判長：見てもらった方が話が早いね。見せたら？

（中略）

左陪席：結局、全員一致で10年になりました。皆さん、お疲れ様でした。
裁判長：時間内に終わってよかったね。君は進行役として優秀だよ。
左陪席：いやあ、初めてだったんで緊張していたんですけどね。おふたりのサポートのおかげですよ。

　松本さんは、とてもむなしい思いで裁判所を後にした。被告人の島谷さんの人生を左右する重大な決定に関与したのに、自分の意見が言えなかったし、他の裁判員との話しあいも不十分だった。
「役所のやることなんて、こんなものかな……」
　今日は、早く家に帰って、妻と二人で晩酌でもしようかな、と思いつつ、家路についた。

よい評議

　居酒屋の大将の店の常連さんの原さんがついに裁判員に選任されて、裁判員裁判に参加することになりました。公判はすすみ、いよいよ評議の場面です。

左陪席：さて、これまで皆さんに見ていただいた公判廷での全ての証拠でもって、被告人が有罪か無罪か、量刑はいくらかを決め

ていただく評議にこれから入ります。進行役の裁判官川上です。

まずは、有罪か無罪かの評議を始めます。本件では、タクシー強盗の事件ですね。被告人の山本浩三が強盗をしたと言えるには、強盗の構成要件に当たる行為をしたといえなければいけません。

強盗の構成要件は、①「暴行、脅迫」があること、②その暴行、脅迫が「金銭などの財産を奪うためのもの」であることが必要です。ここまでそろえば、犯人は少なくとも未遂犯で、さらに③反抗を抑圧された被害者が犯人に金銭などの財産を奪われたこと、といえれば、犯人は強盗既遂ということになります。

裁判員番号1番（実は、原さん）：川上さん、山本被告人はタクシーの運転手の首を後ろから右腕で抱え込んで、身動きできなくさせた上で、左手でナイフをちらつかせて「金を出せ」って言ったんだろ？　こりゃ、問題なく強盗罪になるよ。
右陪席：まあ、焦らずにひとつずつゆっくり決めていきましょう。本件は公判前整理手続で①と②が争点とされました。まずは、①「暴行、脅迫」行為の特定から……。

（中略）

裁判員番号5番：これで、構成要件の行為は全部認められたね。これで山本浩三の有罪は決まりになるかな。
左陪席：まだなんです。でも、ここで休憩を挟みましょう。休憩のあとで、次は山本浩三に違法性が阻却される事情がなかったか、とか、責任能力の問題はなかったのか、確認しましょう。

（休憩）

左陪席：本件では、弁護人のほうから「正当防衛の主張」と「責

任能力の主張」が出されておりましたね。
裁判員番号４番：運転手に抵抗されて、右腕をかみつかれたから思わずナイフで刺したってやつですか？　そりゃないよね。
右陪席：というのは、具体的にどのようなご意見ですか？
裁判員番号４番：だって、被告人のほうが、はじめにナイフなんかで運転手を脅かしたんだから、腕をかまれたってしかたないよ。
裁判員番号２番：そうですよ。おまけに、腕をかんだといっても、それは自分の歯でかんだだけで、凶器を持っている被告人とは比べられない弱い抵抗でしょ。
左陪席：他の方はどうですか。
裁判員番号１番：イヌなら歯は凶器かもしれないけど、人間じゃ歯は凶器じゃないよね。
裁判員番号３番：わたしも、被告人の正当防衛の主張は通らないと思います。
左陪席：ではここで多数決をとりましょうか？

（中略）

左陪席：ここまでで、被告人の有罪の認定は終わりです。次は、被告人の量刑です。
　被告人の強盗罪の法定刑は、皆さんのお手元の六法をご覧いただければ５年以上の有期懲役です。ここでは、その幅のある法定刑のなかで、本件の山本被告人には、何年が適切かを皆さんに考えていただきます。
裁判員番号２番：それって、なにを基準に決めるのですか？
裁判員番号４番：あ、裁判所には、相場表があるって聞いたことあります。

よい評議・わるい評議を知ろう

裁判長：まずは、皆さんの自由な話し合いからはじめましょう。幅のある法定刑のうち、被告人にとって適切な量刑へのアプローチは、重い方からはじめても、軽い方から考えても構いませんよ。
裁判員番号5番：俺は、重い方から始めて、山本にどれだけ引き算できる事情があるか考えたいね。
裁判員番号1番（原さん）：待って、待って、この裁判の最初に裁判長が言っていた無罪推定の原則からすれば、軽い方から始めてしかるべきじゃないかなあ。

（中略）

左陪席：それでは、皆さんのご意見もそろったようなので、ここで結論を出しましょう。
裁判員番号3番：その前に、裁判官の皆さんからご意見を聞いてみたいなあ。
左陪席：裁判長、右陪席判事、なにかご意見ありますか。
右陪席：いえ、みなさん活発なご意見で充実した評議ができました。私から付け足すことはありません。
裁判長：私も同じです。
左陪席：それでは、裁判員の皆さんと裁判官と全員で評決に入りましょう。

原さんは、十分な評議ができて、すっきりした気持ちで裁判所を出た。被告人も、きっと自分たちの出した結論を受け止めてくれるだろう。

大将の店で、今日の評議の話をしたいけど、しゃべっちゃいけないって言われたので、がまんする。原さんは、「思ったよりも、裁判員制度はいいもんだな」と、つぶやいた。

Step. 7

裁判官の決めぜりふに負けるな

裁判員をたのしむための最低限の予備知識（その5）

裁判員をたのしむための最低限の予備知識（その5）
裁判官の決めぜりふに負けるな　Step.7

法律に素人である裁判員は、評議において活発に議論し、裁判官に太刀打ちができるでしょうか。とくに裁判長は裁判官経験数十年というベテラン中のベテラン。裁判員をケムにまくことは簡単。そこで、事前に裁判官の典型的な常套句を知っていると、裁判官の言葉にも「あー、来ましたね」と萎縮しなくなります。さらに、その対処法を準備するのもいいのではないでしょうか。これこそ裁判員裁判の神髄に通じます。弘君の登場です。

　裁判所近くの定食屋さんにて、弘君は同じ部で修習している仲間と昼ご飯を食べに来た。

弘君：いやあ、午前の法廷長かったよねえ〜。弁護人が尋問で何を言いたいのか、僕は全くわかんなかったな〜。
後藤さん：あらそお？　わたしは結構おもしろい尋問だと思ったんだけど。検察側証人が顔色を変えていたわよ。ね、植村君。
植村君：え？　ぼくは、後半ずっと、睡魔と戦っていたもんで……。
弘君：(夢中で食べながら) ところでさ、うちの部長 (→部の裁判長を「部長」と言います) ってさ、いつもは優しいのに今日の被告人には厳しくなかった？
後藤さん：うちの部長は性犯罪には厳しい人って有名らしいわよ。ね、植村君。
植村君：え？　そうなの？
弘君：それにしてもさ、なにかといえば「私の法廷ですから」を連発して、被告人と弁護人を威嚇してたよ。
後藤さん：あれは、部長の決めぜりふらしいわよ。就職内定先の事務所の先輩弁護士から聞いたけど。

63

植村君：あ～、そういえば、僕の友人がいる部でも部長が決めぜりふでまとめちゃって、裁判員が閉口してたとか聞いたな。

後藤さん：評議で？　そんなの威圧ばりばりじゃない！　ひどい裁判官ね。

弘君：後藤さん、声が大きい。

おかみさん：はい、穴子の天ぷらお待ちどうさま。

後藤さん：いただきま～す。うわ、柔らかくて、おいしいわ。弘君って、見かけによらず、おいしいお店を知っているのね。

弘君：ひと言よけいだよ。それにしても、ほかに裁判員を閉口させる決めぜりふって聞いたことある？

植村君：あとはねえ～、裁判員に自分の意見を押しつけるときに「判例では……」って言って黙らせちゃう裁判官や「プロの立場からすれば」と言って、強硬な意見を主張したりするって言うのは聞いたことがある。

後藤さん：裁判の素人が参加することに意味がある裁判員裁判で、そんなこと言っちゃ意味ないじゃない。

植村君：怒んないで、後藤さん。僕が言ってるんじゃないから……。

弘君：植村君、穴子の天ぷら、少し頂戴。食べ過ぎると午後の法廷で、また眠くなるよ。

植村君：えっ、そうかなあ。じゃあ、これ、どうぞ。

弘君：やった～！　そういえば、うちの隣の部では、右陪席がすぐに「被害者の気持ちはどうなるんですか？」って言い出すとか。

植村君：あ、それ聞いたことあります。誰が検察官で、誰が裁判官なのか法服を着てないとわかんなくなるって噂ですね。

弘君：それもいわゆる決めぜりふだねえ。

後藤さん：ところで、そういう強硬な決めぜりふで裁判員を黙ら

裁判員をたのしむための最低限の予備知識（その5）
裁判官の決めぜりふに負けるな　Step.7

せちゃう裁判官に当たったら、裁判員はどうすればいいのかしら？

植村君：う〜ん、普段から議論になれていない裁判員には、対抗策は難しいかもね。

弘君：いや、「裁判員制度の趣旨からして、そのような発言は問題でしょう」と言えば、さすがの裁判官でもぐうの音も出ないんじゃないかな。

後藤さん：弘君、甘いわね。それで引き下がると思う？　天下の裁判官よ。

弘君：そういわれると自信ないなあ。植村君は？

植村君：そうだなあ。僕なら、そういう決めぜりふは聞こえなかったことにしておくかな。

後藤さん：寝たふりすれば？

弘君：熊じゃないんだから。

後藤さん：やんわりと、にっこり受け止めて、次の話題に移るとか？

弘君：さすが、恋愛マスターの後藤さんだね。華麗なる男あしらいのような。

後藤さん：（無言でにっこり）じゃあ、今日のお昼ごはんは、弘君のおごりってことで、ごちそうさま〜。

弘君：あ、ちょっとちょっと〜。同じ給料もらってんのにぃ。まったく後藤さんにはかなわないや。

あなたが裁判員になったら、裁判官の決めぜりふを目の当たりにすることができるかも知れません。たのしみですね。あなたなら、どうする？

Step.
8

あなたにもできる
裁判員をたのしむための
7つのヒント

あなたにもできる
裁判員をたのしむための7つのヒント Step.8

ここまでお読みになった読者は、もう裁判員としての準備ができていると思います。それでは、最後は、裁判員になったときに、より裁判員をたのしむためのヒントを7つ贈ります。このほかにもあると思いますので、工夫してみてください。

❶ ファッションにこだわってみよう

　まず初日。ビシッとキメて行きたいところですが、ここはこらえて、いつも会社や学校などに着ていくような服装にしてみます。変にいつもと違う格好をすると、緊張してしまうので。普段通りの自分のスタイルで行けば、評議のときもパフォーマンスが落ちることはないと思います。

　審理が続く時は、やはりリラックスして裁判員の役目を果たすことを第一に考えて、同様なスタイルを貫いた方がベターです。ちなみに、裁判所は空調がきいていますが、夏は暑すぎたり、そして冬はなぜか寒すぎたりと、全く温度が読めないため、なにか羽織るものや、温度調節のしやすい重ね着などで行くとヨイかと思います。

　そして判決。裁判員役もだいぶ慣れて来ている頃だということと、被告人の運命の瞬間に立ち会うということから、若干ビシッとした感じで。スーツとまではいかなくても、ブラウスやシャツに、スラックスなど、少し固めでキメてみる、さらに、自分で作った「法服」を着ると裁判員としても気合いが入るのかも知れません。

❷ 裁判員たちと食堂探検をしてみよう

　同じ裁判で選ばれた裁判員同士、これも何かの縁です。せっかくだからランチに誘ってみましょう。相手のことも分かれば評議も少し雰囲気が柔らかくなるかと思います。

　手近なランチスポットとしては東京地方裁判所の地下がありま

す。カフェ風なお店、そば屋、そして大きな食堂があります。大きな食堂では裁判官や職員さんがたくさん見れるので、裁判所職員のオフ姿を眺めながら食事をするのも楽しいです。

❸裁判員と仲良しになってみよう

　何にも知らない人間同士、せっかく出会ったのだから、差し支えない程度に、人となりの分かる質問を交えた会話をすると、親しみも生まれ、相手を尊重する気持ちも生まれると思います。休憩のときにお茶を飲みながら、皆さんの住んでるところや、家族構成など、軽く聞いたりしてみると、顔に似合わず家族思いだということや、いかつい姿なのに意外と動物が大好きだということなど、見た目からでは分からない情報が引き出せると思います。相手のバックグラウンドが分かれば、評議におけるその人の発言に対しても理解が深まるのではないでしょうか。また、相手のことを聞くだけでなく、自分のことも少し話すことで、同様に相手からの理解も得られやすくなるように思います。

❹積極的に質問をしてみよう

　有罪・無罪か、有罪の場合その量刑を決めるのが評議。裁判員のチカラを借りたいと言われて選ばれたのだから、ここで臆病になるのは厳禁！　おそらく一生に一度の機会、自分があとで後悔しないためにも、評議の場や法廷で、裁判官や被告人、証人に積極的に質問することをオススメします。事件の中で判然としないことが残ったままだと、思いっきり評議に参加できません。一見、事件に関係ないかも……と思うような質問でも、自分にとって重要だと思うのであれば、思い切って質問してみてください！

❺ 裁判が終わったら飲みに行ってみよう

　一種変わった出会いを果たした裁判員同士。評議では、自分の今までの経験や常識をさらけだして他人と真剣に話しをするという、滅多にない体験を共有しました。判決が終わった後は、まるで修学旅行の後のような、部活を引退するときのような、そんなアツい連帯感と感動が生まれてしまう可能性があります。しかし裁判員は一期一会の関係。判決が出ればもう会うことはありません。でも、それは本当にもったいない！　機会があればまた定期的に飲み会するぐらいなノリで、気の合いそうな裁判員を誘ってみましょう。

❻ どんな報道がなされているかをみてみよう。

　裁判員裁判対象事件は、殺人などがからむ重大事件です。勢い新聞、テレビなどマスメディアの報道も過熱することでしょう。報道内容と自分が法廷で見聞きした内容が同じか、あるいは違っているのかなどをチェックしてみましょう。

❼ 裁判が終わったら体験記を書いてみよう！

　裁判員の体験は、非常に貴重なものです。裁判が終わったあとに体験記を書くことをお薦めします。諸外国では体験記を本にしている例もあります。そんなことは裁判員の守秘義務に違反するのではないかと躊躇する方もいるかも知れません。しかし、裁判員の氏名、評決の数などをいうことは守秘義務に触れますが、裁判官がどのように評議を進行させたか、自分自身がどう考え、思ったかなどを公表することははなんら問題がありません。今後の裁判員裁判の発展に資するもので、奨励されてしかるべきです。

　なお、法廷は公開ですから、ここで知ったことを公表するのはまったく自由です。

Special Interveiw

裁判官とはどんな人？
安原浩元裁判官に聞く

2009年1月23日
カルチェ芦屋法律事務所

プロフィール

安原 浩
（やすはら・ひろし）

1943年、兵庫県生まれ。司法研修所第20期修了。1968年判事補任官（広島地裁）、名古屋地裁、東京地裁、大津地裁、広島高裁岡山支部長などを経て、松山家裁所長で退官。
主な著作に、「裁判員裁判における量刑の評議はどうあるべきか」季刊刑事弁護44号（2005年）、「裁判員制度の意義について考える」宮本康昭先生古稀記念論文集（日本評論社、2006年）、「裁判主体を変える裁判員裁判に期待する——再び『裁判員制度の意義について考える』」季刊刑事弁護56号（2008年）などがある。

特別インタビュー
裁判員とはどんな人？

不安と疑問が一杯ですが、裁判員制度がはじまります。そこでは裁判員は裁判官と一緒に仕事をすることになります。裁判歴40年の元裁判官に、現状の裁判のこと、裁判員裁判のことをお尋ねしました。裁判員は、裁判をたのしむことができるのでしょうか。

1．裁判官の仕事と生活

――安原さんは、2008年の定年退官①まで、ずっと裁判官――とくに刑事事件を主にされてきましたが、なぜ裁判官になったのでしょうか？

　もともとは、弁護士志望②でした。弁護士は、何者にもとらわれない自由な仕事というイメージでしょ？　しかし、司法修習生③だった1965（昭和41）年から1968（昭和43）年の頃、裁判所は実に自由闊達で、裁判長も陪席裁判官④も独立した裁判官として合議もしていました。それを見て、ああ、こういう仕事も良いな、と思い、裁判官に志望を変えました。

　裁判官になって最初の5年は、裁判長と右陪席裁判官にくっついて法廷に出ればいいわけでしょ。だけど、初めての単独事件⑤は、緊張しましたねえ（笑）。法廷で言わなければならないことや、や

----

①**定年退官**　裁判官は定年制であることが憲法できまっています。その年齢は、最高裁と簡裁が70歳、その他が65歳とされています。安原さんは、65歳で、定年されました。同じく司法試験に合格した検察官の定年は63歳（検事総長のみ65歳）で、弁護士には定年はありません。

②**志望**　司法試験に合格した後、裁判官・検察官・弁護士のいずれになるかは、本人の志望が基準とされます。しかし、基準であるだけであって、裁判官や検察官を心から志望しても「やめといたら」と司法研修所の教官に諭され、泣く泣く？　弁護士になる人も少なくありません。

③**司法修習生**　司法試験に合格して、すぐに法律実務家になれるわけではありません。安原さんの頃は2年間、司法修習生という公務員の身分でお給料をもらいながら実務の勉強をします。司法修習の期間は、その後1年半、1年、と徐々に短くなりました。

④**陪席裁判官**　3人でする裁判において、真ん中の裁判長の左右に控えているので「陪席」です。裁判官から見て右側の人が右陪席、左側の人が左陪席、といわれます。傍聴席から見ると、逆になりますね。

⑤**単独事件**　裁判官になって5年を過ぎると、重大でない事件に限り、一人で裁判ができるようになります。そういう事件を単独事件といいます。

らなければならないことを大きな字で紙に書いて、用意しておいて、それをチラチラ見ながらやってましたね。

——裁判官として、どんなことに気をつけて、仕事をされましたか。

一人でする単独事件でも3人でする合議事件でも、刑事裁判官になりたての頃は、被告人が犯罪事実を認めている自白事件と認めていない否認事件とでは、裁判官としての構えは違っていました。否認の場合は、非常に力が入っていた（笑）。冤罪を作ってはいけない！と。しかしそうすると、およそ9割の自白事件で力を抜くという結果になってしまうことに気づいたんですね。これでは、裁判官は堕落してしまう、と。それ以来、否認事件は「事実に争いのある事件」で、自白事件でも「情状に争いのある事件」という認識に変えました。自白事件にしても否認事件にしても、いずれも争いのある点について納得してもらえる理由を判決で示すということでは同じです。充実した判決理由は、被告人の納得のためであり、上訴の便宜でもありますからね。

合議事件の場合、左陪席が事件の主任をするので、合議の際の議論をリードします。裁判長とも議論になります。右陪席は左より少し先輩ですからね、そういう議論に新しい視点を提供したりする役割をします。

⑥**3人でする合議事件**　重大な事件は1人の裁判官ではなく、3人で相談しながら裁判します。これを合議事件といいます。
⑦**自白事件**　犯罪事実について、被告人が「盗みました」とか「殺しました」と認めている事件です。
⑧**否認事件**　犯罪事実について「やっていません」とか「わたしは犯人ではありません」という場合が典型的です。しかし、「1人でやったのではなく、3人でやりました」とか「やったことは事実ですが、命令されて仕方なくやりました」という犯罪事実の一部を認めない場合も否認事件といわれます。マスコミでは否認していることを非難の色合いで報道されますが、被告人は事実を争う権利があるので、否認することは、なんら非難の対象ではありません。
⑨**冤罪**　犯人でない人が犯人にされてしまい、有罪判決を受けるのが典型的な冤罪事件です。しかし、有罪判決に至らなくても、逮捕・勾留されて刑事手続にのせられるだけでも冤罪事件といわれたり、逮捕に至らなくとも冤罪といわれたりする場合もあります。例えば、万引きしかしてないのに強盗と認定されるような場合も冤罪といわれることもあり、多義的です。
⑩**9割の自白事件**　起訴されて裁判所にくる被告人の9割は、自白事件といわれています。これは、そもそも警察が慎重に捜査をして、間違った逮捕をしないようにしているとか、さらに検察官が慎重に

特別インタビュー
裁判員とはどんな人?

　最近は、時代のせいか、風潮なのか、なかなか思い切った議論をしてくれない若い人もいますが、裁判長としては、議論を徹底することを目指していました。議論が硬直してなかなか進まないときには、**続行**することにしていました。一旦、議論をやめて、それぞれ一人になってよく考えて、また議論に望む。合議には、複眼的思考が大切ですからね。

──被告人に対して、気をつけたことはありますか?

　黙秘権などの**権利告知**(けんりこくち)を丁寧にするようにしていましたね。もちろんそれは、被告人に権利告知の内容をかみ砕いて理解してもらう意味があるんですが、もうひとつ、自分への戒めです。権利告知が儀式的になっては、自分の裁判官としての職務に緊張感がでない。毎回、自分自身に確認する意味でも丁寧に、自分の言葉で平易に権利告知をすることにしていました。

　あとは、わたしは**訓戒**(くんかい)はしませんでした。印象的な訓戒が**マスコミ**で**話題**になったりしていますが、あれは記録に残りませんからね。裁判の認定事実とまったく違う訓戒だってできてしまう。そういうのは、やはりおかしいわけでして、訓戒はしないんです。言うべきことは、全て判決の中身で語るべきと思っていました。

判断して誤った起訴をしないとかということが理由とされているようです。さらに、万引きやけんかなどの軽い犯罪の場合には、繰り返し行った場合や悪質な場合でないと、逮捕・起訴されないという実務もあるようです。酒気帯び運転などは、1〜2回目までは、だいたいが罰金の手続ですませられ、正式な裁判にはかけられません。

⑪**情状**　一般的には、被告人にとって、刑が軽くなる事情を情状と言われているようですが、重くなる事情も含まれます。同じ犯罪を同じようにしても、年齢、犯行時の生活状況、動機、凶器の有無、被害者の数、前科、前歴、定職の有無、家族の有無、反省の程度、被害者との示談の成否などにより、刑の重さが変わります。

⑫**上訴**　一般的には起訴されると地裁へ行き、その判決に不服があると高裁、最高裁と進みますが、この高裁と最高裁をまとめて上訴審といいます。

⑬**少し先輩**　右陪席は単独で裁判ができる6年以上の裁判官経験のある人しかなりません。左陪席は単独で裁判ができない5年以内の人ですから、左陪席と右陪席とでは、右陪席の方が先輩ということになります。

⑭**続行**　一般的には、裁判の期日を続けることを続行といいます。これを合議の場でも使うとこうなります。ちなみに、期日を終わらせることを「終結」といいます。こういう言葉を日常的に使うのは、業

73

また、量刑事情(18)で「再犯の予測可能性(19)」というのがありますが、わたしは、あれは、あくまで予測にすぎなくて証拠に基づいてもいないのに安易に列挙すべきではないと思っていました。当該被告人にとって重要な量刑事情なんて、3つか4つですよ。いくつも羅列するのは、むしろその被告人を見ていない量刑という気がします。

2．裁判員裁判は成功するか
――裁判員裁判に対しては、さまざまな批判があります。いま、なぜ裁判員裁判導入なのでしょうか？

　まず、なぜいまか、という点については、一般の方々の権利意識が高まっているということですね。いままでのように、裁判官を信頼して、裁判官に全て任せておく、という時代ではない。裁判官の出した判決にも、新聞やテレビ、当事者の声として意見や不満が出ます。こんな判決は、非常識じゃないか、とかね。全部裁判官に任せておくだけでは、市民は納得できませんね。そこで、市民による司法参加という要請が生じます。自分たちも、そこへ参加して、そのことで、結果に対して納得するということになります。

　そして、一方では職業裁判官による「有罪(20)慣れ」ということがあります。先ほども言いましたように、刑事裁判の9割は自白事件で

界用語のようなものです。
⑮**権利告知**　被告人に対して、法廷で黙っている権利があることや発言の機会があることを伝える手続をいいます。「黙っていても良い」とはいっても、実際には検察官に鋭く質問を迫られたり、黙っているという態度そのものを「反省の色がない」と裁判官に評価されるので、絵に描いた餅とも言われています。安原さんは、そうならないように、努力したとおっしゃっているので、努力しない裁判官の場合は、権利告知は儀式に過ぎないことになってしまいます。
⑯**訓戒**　判決言い渡しが全て終わった後の裁判官の説教がこれです。刑事訴訟規則に定められていますが、訓戒をするかしないか、どういう訓戒をするかは、個々の裁判官に任されており、どの被告人にも同じセリフを繰り返す裁判官もいれば、人情味あふれる訓戒をする裁判官もいる。これによって立ち直ったり、感動したりする被告人もいるといわれますが、効果のほどは定かではないともいわれています。
⑰**マスコミで話題**　訓戒の際に、ある歌詞の朗読をした裁判官が有名だが、その他にも味のある訓戒をする裁判官は全国にいるらしい。詳しく知りたい方には、長嶺超輝『裁判官の爆笑お言葉集』（幻冬舎新書）などがおすすめです（79頁のコラムも参照してください）。

す。**供述調書**の通りです、という被告人を毎日見ていると、目の前に初めて現れた被告人に対しても、「この人もやったんではないか」という目で見てしまうようになります。これは、裁判官個人の良心とか自覚とかでどうこうなる問題ではなくて、構造的な問題です。

そういうことで、職業裁判官だけではなく一般市民による司法参加により、一人一人の**無罪推定**を受けた被告人を裁判する、という裁判員制度が導入されることになったと、理解しています。

──裁判官時代に模擬裁判員裁判のご経験は？

日本裁判官ネットワークでもやりましたが、最後の任地だった松山で地裁からの依頼で裁判長をした経験があります。そこでは、**評議だけ**の簡易な模擬裁判だったんですが、いろいろと工夫もしてみたりして、非常にいい経験でした。

その工夫というのは、どうしたら活発な評議ができるか、議論が証拠調べから逸脱しないか、ということで、評議シートのようなモノを事前に作るんです。これは、証拠調べの後に、弁護側、検察側と協議の上で論点を抽出します。評議で裁判員と裁判官が議論すべき点はなにか、認定すべき具体的事実はなにかを整理します。あたかも**公判後整理手続**なんだけど、これはよかった。弁護側、検察側にとって、評議は全くのブラックボックスで、放っておけば、評議

⑱**量刑事情** 日本の刑法上の刑罰は幅が広い。この広い法定刑のなかから、本件被告人に適当な刑罰を裁判官が決めるのが量刑という。裁判員裁判では、量刑にも裁判員が加わります。量刑の方法としては、上記の「情状」に挙げた事由などを当該被告人について検討して、まあ、これくらいが妥当かな、という判断をします。

⑲**再犯** 一般的には、犯罪を繰り返すことを再犯という。裁判の場合には、これから先に被告人が同じような犯罪をするのかどうか、という意味で「再犯の可能性」と言うことを予測（予言？）することになります。

⑳**有罪** 判決の後に、すぐに刑務所へ行く実刑判決だけを有罪と考えている人もいるかもしれませんが、無罪でない場合には全て有罪になり、すぐに刑務所へ行かない執行猶予も有罪判決に含まれます。

㉑**供述調書** 一般には、被告人が主に被疑者段階で、警察や検察庁の取調べで取調官に話した内容を捜査官が書き留めた書面を供述調書といいます。まるで被疑者が自分でしゃべったように、「わたしは〜しました」という一人称独白の文体で書かれるのが特徴です。形式的には、被疑者がしゃべったとおりの内容で間違いがないと確認した上で、被疑者は末尾に署名指印させられますが、そうでない場合も少なくないといわれています。

㉒**無罪推定** 逮捕・勾留された人が起訴されて裁

での議論が証拠調べと違うところに行ってしまう危険性もある。しかし、このような論点整理を公判後、評議前にすれば、裁判員も議論しやすいし、裁判官にとっても判決が書きやすいんです。

　しかし、わたし以外の裁判官にとっては、そういうものは評議を縛るということで裁判官の自由がなくなるとか言われて、評判が悪かったな（笑）。

――裁判員裁判は、裁判員と裁判官とが協同して、事実認定をし、有罪であれば刑を決めるんですが、うまくいくのでしょうか？

　裁判員と裁判官の協同がうまくいけばいい制度が実現できると思います。裁判員は一般常識、それぞれの社会経験などを事実認定や量刑に反映し、裁判官は一定の経験と専門的視点から事件を分析するという、それぞれの特性を活かしたものになれば、事実認定も量刑もうまくいくはずと思っています。

　刑事裁判とは、検察官のストーリーが証拠に照らして合理的かどうかを判断する場ですから、それは裁判のプロでも素人でも関係なくできることでしょう。一般の方々に対してはマスコミの報道による予断という意味での悪影響が出るんではないか、という心配がなされていますが、新聞やテレビを通して被告人や被害者の情報を得るのと違って、実際に本人を目の前にして、証拠に基づく認定をす

判されていても、有罪判決が確定するまでは一般市民と同様の無罪の人と推定されているという刑事手続の鉄則。それにしては、マスコミの犯人視報道の過熱ぶりは問題ではないかと指摘されています。

㉓**日本裁判官ネットワーク**　http://www.j-j-n.com/
1999年に、現職の裁判官の有志が集まってつくった裁判官の団体。開かれた司法の推進と司法機能の充実強化に寄与することを目的としています。

㉔**評議だけ**　正式な模擬裁判員裁判は、選任手続から始まり、公判を経て評議に入ります。いわば、これがフルコース。これに対して、選任手続を省略して、公判もビデオ上映ですませ、評議だけやるタイプの模擬裁判もあります。安原さんが松山でされ

たのはこのようです。

㉕**公判後整理手続**　法律上は、公判「前（ぜん）」整理手続しかありませんが、これと対比して、公判「後（ご）」整理手続もあると良いのではないか、というのが安原さんの提案です。字の通り、公判の前にやるのが公判前、公判の後にするのが公判後ということです。

㉖**証拠調べ**　裁判の流れのなかで、最も重要な手続です。犯行に使われたナイフについて調べたり、目撃者を尋問したりする手続がこれです。

㉗**検察官のストーリー**　刑事裁判では、犯罪の証拠に基づいて検察官が犯行の様子を物語として組み立てます。神様ではないので、犯行そのものを天か

るわけですから、マスコミの悪影響は、まずないだろうと思います。
　また、量刑は素人には向かないと言われているようだけど、わたしは必ずしもそうは思いません。**量刑相場**[28]というのも悪い意味で取り上げられますが、当該事件の当該被告人にしかない個別的量刑を決めるための目安になりますからね。そういう意味で、量刑は、裁判官にとってみても機械的に決まることではなくて、分析を尽くしたところでしか結論は出せないものなんです。裁判員と裁判官の充実した議論が望まれますね。

——**裁判員と裁判官の協同がうまくいくためには、評議がどのように進められるかが大きなカギになると思いますが、その点でお互いにどのようなことに留意すればよいでしょうか？**

　それぞれの特性が裁判員裁判の評議で十分に発揮されるようにするには、慣れない裁判所で裁判員の方々が萎縮しないで裁判に参加することができるようにしないといけない。わたしは経験上、それには、雑談が大事だと思っています（笑）。裁判員同士も、当該事件についてだけではなく、お互いがどんな人間なのか、普段は何をしている人なのか、そういうことがわからないと思い切った議論もできないのではないかと思います。だから、雑談をして、裁判員も裁判官も、休憩時間や昼ご飯の時間を一緒に過ごして、お互いをよ

ら見ていたわけではないのですが、あたかもそのように作り上げます。真実とどの程度近接しているのかは、まさに神のみぞ知る、です。

㉘**量刑相場**　凶器の有無、被害者の数、動機、といった事情をもとにこれまでの量刑を特徴ごとに絞りを掛けてまとめた表が存在します。これを「相場」という言い方をするのはどうかとも言われていますが、量刑の「目安」として機能しています。

㉙**中間評議**　裁判の途中で裁判員と裁判官が話し合いをすることを中間評議といいます。裁判の最後までいかないうちに予断を生じてしまい、問題ではないかという意見もありますが、裁判の途中で裁判員に疑問が生じたときに裁判官と話し合いをして、

頭をすっきりさせ、つぎの証拠調べに集中できるという利点もあるとされています。実際の運用でどのように活用されるかは、未だ不明。

㉚**選任**　裁判員として裁判に参加するには、いくつもの手続があります。裁判員候補から裁判員になる一連の手続を選任手続といい、最終的に裁判員になることを「選任される」と言います。

㉛**辞退**　裁判員候補になった段階で、いくつかの事由にあたると辞退できます。勝手に棄権できる選挙と大きく違うのはここです。辞退の希望をしても、辞退が認められるかどうかは、一律には決まりません。

㉜**検察審査会**　検察官が「不起訴」にした事案に

く知ることで、充実した評議ができると思います。

　そういう意味で、いろいろ問題があるとも言われますが**中間評議**[29]も大事だと思っています。そういう雑談のなかで、当該事件についての誤った認識が形成されないように気を配るのも、裁判官の役割になると思います。

――本書は、「裁判員をたのしむ」ということですが、裁判をたのしむ秘訣はあるのでしょうか。

　なかなか裁判を一般的な意味で「楽しむ」というのは難しいのかなと思います(笑)。やはり、犯罪とか裁判は、一般の方々にとっては、できれば関わりたくない出来事でしょう。そういう意味で、裁判員に対して「**選任**[30]されたくない」とか「選ばれても**辞退**[31]したい」という意見が多いのは、よくわかります。

　しかし、日本の**検察審査会**[32]にしても外国の**陪審裁判**[33]にしても、実際に参加した後の経験者は、皆さんが「参加して良かった」という感想をお持ちのようですね。これは、やはり重大な事実についての議論に参加して、自分がそこで意見を言って、それが結論に影響を与えるという貴重な機会への参加ということの意義だと思います。それは、ひと言でいえば、充足感です。いまの日本で、こういう議論ができる場所は、他にはないでしょう。

ついて、関係者の申立によりもう一度検察官の判断を妥当かどうか判断する機関で、審査員は有権者から無作為に選ばれます。詳しくは、佐野洋『検察審査会の午後』光文社文庫をどうぞ。
㉝**陪審裁判**　アメリカの映画やドラマではおなじみの市民参加の裁判方式です。日本の裁判員裁判と混同されることがありますが、構成員、判断対象など大きく違います。陪審裁判は、市民のみで構成されて、有罪・無罪を判断するシステムが典型的です。州によっては、死刑かどうかの判断をするところもあります。

特別インタビュー
裁判員とはどんな人？

　犯罪とは、社会にとっての波乱、波風であって、それによって犯人も、被害者も社会も、ダメージを受けます。ことに心理的に受けたダメージは、時間を掛けて、手続を踏んだなんらかの回復措置が必要です。裁判とは、このような社会における事後処理の一つと位置づけられます。これまでは、その事後処理に、被告人と裁判官・検察官が関わり、市民社会は、裁判官や検察官を通して犯罪の事後処理に加わっていたのですが、こんどの裁判員制度は市民による直接の参加です。自分の属する社会・自治体の波乱を回復させる、そのことに参加します。まさに自治の発想です。これは、これまでよりも裁判に対して社会の納得ということが得られやすくなるとも言えます。この社会の納得は、その社会の構成員にとっての納得ですから、楽しみといえば楽しみということになるでしょうね。

> **コラム**
> **裁判官のお言葉集**
>
> 　裁判官は、法律にしたがって判断し感情などを出さないと一般に思われています。多くの裁判官は、そうしたことこそ裁判官のあるべき姿だと考えているようです。しかし、判決言い渡し後に、被告人に向かって、やさしい言葉を投げかけたり、ときには厳しい反省を迫ることがあります。
>
> 　そういう「裁判官のお言葉」を集めたものに、『裁判官の爆笑お言葉集』『裁判官の人情お言葉集』（ともに、長嶺超輝著、幻冬社新書）があります。量刑についての迷い、被害者の代弁、法律の不備に対する嘆きなど、裁判官の人間味あふれた心を垣間見ることができます。

編集後記

裁判員裁判は、100年に一度あるかないかの大改革です。
いうまでもなく、裁判員裁判では、裁判員は法廷で見たり聞いたりした証拠に基づいて、裁判官と協力して、有罪・無罪を決め、有罪の場合は刑罰の大小を決めます。
一般の市民は、日常生活の中で裁判所にいったり、裁判官に会うことはほとんどありません。裁判員裁判は、裁判官と会う絶好の機会です。本書は、その機会を有意義なものとするヒントを提供するものです。是非、自分なりのたのしみ方を発見してください。（成澤壽信）

編集・執筆協力：高橋ユキ（霞っ子クラブ），小梅（元司法修習生）

GENJINブックレット56

裁判員をたのしもう！
裁判員裁判の傾向と対策

2009年3月30日　第1版第1刷

編 者	現代人文社編集部
発行人	成澤壽信
発行所	株式会社現代人文社
	〒160-0004
	東京都新宿区四谷2-10八ッ橋ビル7階
振 替	00130-3-52366
電 話	03-5379-0307（代表）
Ｆ Ａ Ｘ	03-5379-5388
E-Mail	henshu@genjin.jp（代表）
	hanbai@genjin.jp（販売）
Ｗｅｂ	http://www.genjin.jp
発売所	株式会社大学図書
印刷所	株式会社ミツワ
装画・本文イラスト	石川ともこ
ブックデザイン	Malpu Design（渡邊雄哉）

検印省略　PRINTED IN JAPAN　ISBN978-4-87798-401-4　C0036
©2009　現代人文社編集部

本書の一部あるいは全部を無断で複写・転載・転訳載などをすること、または磁気媒体等に入力することは、法律で認められた場合を除き、著作者および出版者の権利の侵害となりますので、これらの行為をする場合には、あらかじめ小社また編集者宛に承諾を求めてください。